HAZY
OSTERWALD
SEXTETT
Sisters
LITTLE
WALTER FAMILY

IMMINENTE
RITORNANO
A MILANO LE
PETERS SISTERS
PETERS SISTERS
PETERS SISTERS
PETERS SISTERS
PETERS SISTERS

STAUB

LIFE

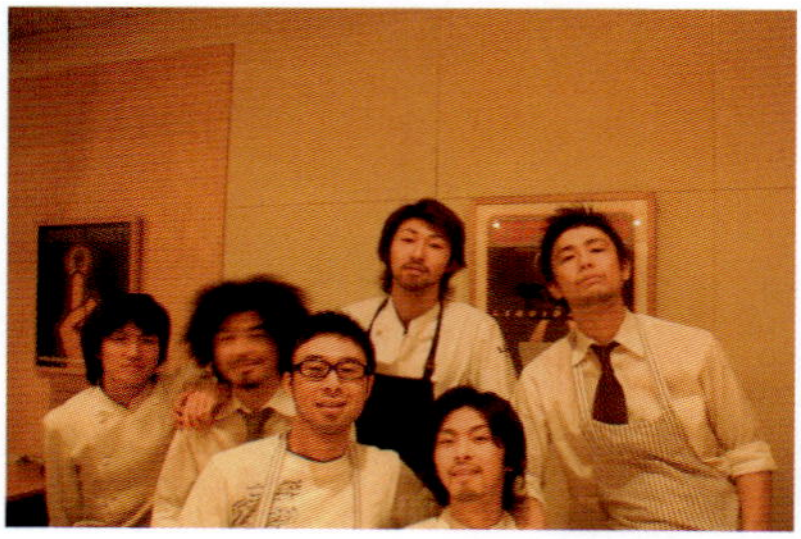

COFFEE

サーフィンをしたり山登りにでかけたり、
自然のなかですごす休日は、仕事への活力になる

アジの南蛮漬け

フレッシュトマトのパスタ

チキンのインボルティーニ

ツナと帆立のプッタネスカ

鶏肉の唐揚げ、甘酢あんかけ

タラとキノコのクリームパスタ

豚肉のトマト煮こみ

カブと海老のペペロンチーノ

豚肉の角煮揚げ

ソーセージとパプリカトマトソース

やきそば

くたくたブロッコリーとベーコンのスパゲッティ

げんこつメンチカツ

イイダコのピリ辛トマトソースパスタ

豚しゃぶ、ポン酢

アマトリチャーナ

豚しゃぶ、ゴマだれ

ベーコンとブロッコリーのクリームパスタ

ほろほろ鳥とキノコ、キャベツのラグー

チャーハン

自家製ソーセージのミネストローネ

ブロッコリーと茸のラグー

MAKANA

LIFE に陰となり日向となり力を貸してくれる父と、
2012 年に 2 人で行ったアメリカのヨセミテ国立公園にて

世界でいちばん居心地のいい店のつくり方

イタリアンレストランLIFEのよく遊び、よく働く

相場正一郎

筑摩書房

はじめに

僕がＬＩＦＥというお店をはじめてから十年が経ちます。短期の研修スタッフも含めると七人が立派に独立し、今はそれぞれ自分のお店を持っています。また、現在も独立開業の準備をしながら働いているスタッフが二名ほどいます。なぜなのかはわかりませんが、ＬＩＦＥで働くと皆、独立していってしまうので、そのたびに人を募集し、新しいスタッフをゼロから育てるといったことを常にやっているような気がします。お店を運営する側からすると、とても大変なことですが、その反面、独立していった元スタッフたちと僕は、お店を運営する立場として同じ境遇になるので仲間意識がさらに強まります。だから働いているスタッフが独立していくということは、僕にとってとても嬉しいことなのです。

必ずしも独立することだけがいいとは思いませんが、お店を持っている僕の立場からすると一生会社勤めをしていくのか、もしくは自分で独立をしてお店をやるのかという方向性だけは、早いうちにしっかり持っていたほうが、独立を視野に入れているのであれば、いいと思います。

この十年間で店舗は二軒に増え、スタッフも五人からはじまり、今では十四人に増えました。

開店当時は夫婦二人だけだった家族も、二人の子供に恵まれ、四人になりました。

ＬＩＦＥを通し、レシピ本の出版や雑誌などの仕事もさせてもらってきました。お店のことや人のことで悩み、迷ったこともたくさんあったし、仕事をしていても浮かない気持ちになることもありました。でも、そういうときこそ明るく、強い気持ちを持って前に進むことが必要だと思っているし、今後もそうしていくつもりです。自分を信じてお店をやっていくことが、続けていくことにつながっていくのだと僕は思います。

これはＬＩＦＥ第一章の十年間の節目として、僕の経験や思いをまとめたものです。これから独立をする人や今後この先に独立を考えている人が、この本に記した僕の少ない経験談から、何か参考になることがあればうれしいです。そして僕もまた次の十年に向かい、じっくりと進み続けていこうと思っています。

ＬＩＦＥ　相場正一郎

もくじ

LIFE
"LIFE" AND "SLOWFOOD"
ITALIAN RESTAURANT

第一章 LIFEはどうやってできたか

第二章 ＬＩＦＥのおいしさの秘密

第三章

LIFE流 気持ちよく 働くために

LIFE son

BREAD & MOUNTAIN DISHES

ブックデザイン　茂木隆行

構成・編集　赤澤かおり

写真　丸尾和穂（口絵 p3、p2-3）
濱田英明（p12 下右）、押尾健太郎（p80 上左）
荒井 健（p80 下右）、正田真弘（p80 下左）
＊上記以外は著者撮影です。

Special thanks:

菊地省三（1988 CAFE SHOZO）

中原慎一郎（Landscape Products Co.,Ltd.）

樽井勇人（TARUI BAKERY）

第一章

LIFEはどうやってできたか

写真上は正面口から入った店内。写真下左は裏口から。
みえる風景は異なるが、どちらも自宅リビング（写真下右）同様、くつろげる雰囲気を考え、レイアウトされている。

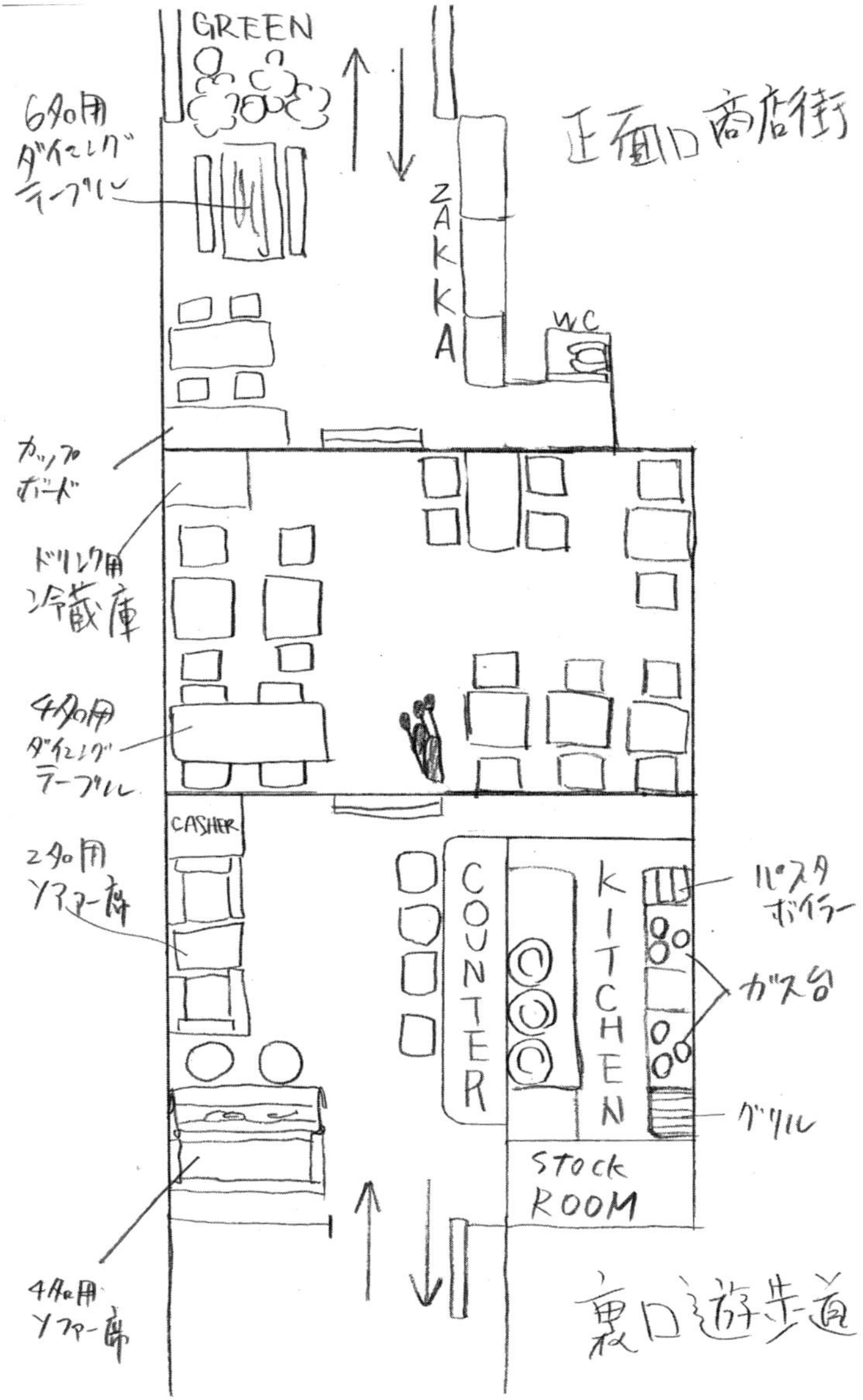
GREEN
6名用
ダイニングテーブル
正面口商店街
ZAKKA
WC
カップボード
ドリンク用冷蔵庫
4名用
ダイニングテーブル
CASHER
2名用
ソファー席
COUNTER
KITCHEN
パスタボイラー
ガス台
グリル
STOCK ROOM
4名用
ソファー席
裏口遊歩道

ＬＩＦＥは
こんなお店

東京の
ほっとできるエリアで
みつけた、
ちょっと変わった
間取りの店

L　LIFEはどうやってできたか

今から十年前、東京・渋谷区の富ヶ谷で二五坪の新築物件に出合い、「ここでなら地域に根差したお店ができる」と直感し、『ＬＩＦＥ』という名のレストランをスタートさせることにしました。

場所は代々木公園の裏、西門からすぐ近く、代々木公園から徒歩三分のところ。駅でいうと、ちょうど地下鉄千代田線の代々木公園駅と小田急線代々木八幡駅の二つの駅がある、代々木公園エリアど真ん中の辺りです。

この辺で物件を探していたのは、以前働いていた場所が原宿ということもあり、土地勘があったことと、ＪＲ渋谷駅や原宿駅からもそれほど遠くなく、自転車や場合によっては歩きでも行ける場所で、オフィス街や観光地ではなく、住宅地というのがよかったから。また、土曜日、日曜日には子供連れの家族や代々木公園で楽しむスポーツマンたちで賑わうため、平日、週末ともに集客が見込める、そういう思いもありました。渋谷や原宿から近いわりに、古い下町の風情も感じられ、ほっとするところがあったのも、ここが気に入った理由です。

そんなわけで僕は、この街でお店をはじめる決意をしました。二〇一三年でＬＩＦＥがスタートして十年になります。ＮＨＫをはじめ、企業や個人会社の事務所がたくさんある場所柄なので、今は、平日は会社に勤める人たち、週末はここで暮らす家族や代々木公園に遊びに来る方たちでお店はいっぱいです。だからこの地域には心から感謝しています。

ＬＩＦＥの特徴は、二か所、入り口があることだと思います。商店街と裏にある遊歩道から出入りができるのです。鰻の寝床のような長細い物件です。普通なら、この形をみたとき、やりにくいかなと感じると思いますが、僕は逆でした。この表と裏の入り口が何かの助けになるんじゃないか⁉　直感ですが、そんなふうに思ったのです。この直感というか山勘は見事に当たり、初夏の夜には二つの入り口を風が通り抜け、それはそれは気持ちがいいのです。まるで自然の空気のなかにいるような、そんな気持ちになります。働いている僕らがそう感じるのですから、きっとお客さんにも同じ気持ちよさを感じてもらえているんじゃないかなと思っています。だからＬＩＦＥでは四月の終わりから、十月頃までは両方の入り口の扉を開放して営業することにしています。

一軒のお店で前後にそれぞれ入り口があるということは、一軒で二軒分のアプローチがあるということになるのでラッキーなことだと思います。対面に反対側の入り口があり、お店に入ったときに奥に外が見通せるので抜け感を感じます。もちろん、どちらからでも入れますし、お店特有の入ったときに感じる印象も二パターン味わえることになります。

だから僕はお店のレイアウトを決めるときも、前からの印象と、後ろからの印象を変えることを意識しました。前のスペースには、椅子とテーブルを置いてリビングをつくり、後ろにはカフェ用のローテーブルとソファを置いてゆったりとくつろげる空間をつくることにしたのです。二店舗分の空気感が味わえるお店を意識したことで、幅広い層のお客さんにそれぞれの気持ちよさを感じてもらえることになったのではないかと思っています。

家賃が高くても、ここに店を出した理由

僕にとって
理想の立地条件とは、
自分の生活内で無理なく、
リズムよく
営める場所でした

お店は立地条件がすべてだという人もいます。店舗を持つということは、受身の、つまり〝待ちの商売〟です。さらに、一度はじめてしまったら、簡単に場所を移動することはできないと考えていました。だから僕がここ代々木公園エリアを選んだのには、ちゃんとした理由がありました。

かつて僕が勤めていた原宿のレストランは、ショッピングにやって来る観光客が主な客層で、天気のいい日のランチと週末にお客さんが集中し、平日のランチは夜の二倍、週末は約三倍の来店がありました。毎日変わらないコンスタントな営業というよりは、完全に週末型のお店で、春休み、夏休み、お正月休みなど、学生たちの休暇が一番のかき入れどきとなります。それ以外に、クリスマスやバレンタインもお店は混み合うので、イベントシーズンに向け、仕込みをしたり、アルバイトの手配をしたり、と常に追われることになるのです。

働きはじめてしばらくは、日によってお客さんの入りに差がありすぎることで仕入れがしにくいことや、スタッフを長く雇えないこと、営業が安定しないことなどもあまり気にならず、「こんなものだ」と思っていました。が、何年かこの状態が繰り返されていくうちに、自分の心と体がうまくついていかなくなっていたことに気づいたのです。忙しいならずっと忙しくてもいいけれど、忙しい日と暇な日の落差があまりにありすぎるのに、僕は少しずつ疑問と疲れを持ちはじめていました。

「毎日、お客さんが同じペースで来てくれたらいいなぁ」

「お店の売り上げが早く安定しないかなぁ」

とはいえ、それが簡単なことではないのはわかっているつもりでしたし、その土地によって商売のやり方はさまざまだということも理解していたつもりでいました。だからこそ、いつか自分の店を持つのならば〝この仕事を一生やっていける〟と思えるような、理想のお店にしていくことがとても重要なんじゃないか、と思ったのです。理想のお店とは、自分自身の生活のなかで無理なくリズムよく営めるお店であること。僕にとってのリズムとは、コンスタントであることと適度であることです。


そんなことを振り返りながら、僕は自分がお店を構えるべき場所を考え続けました。僕が勤めていた原宿の浮き沈みが激しい立地条件に比べると、ここ代々木公園のエリアはここで暮らしている人がたくさんいるし、緑豊かな代々木公園では、子供たちと一緒に遊んだり、スポーツをするにしてもわざわざ感がありません。しかも、都会へ遊びに出たとしても、ごはんは自分の暮らす街で食べるという雰囲気がありました。心地いい暮らしを求めて人が集まってきているところ、そんな場所に思えたのです。

と言いながらも、栃木県に生まれて育ち、高校を卒業してほぼすぐに料理修業のためイタリアに留学した僕には、代々木公園という場所が原宿や渋谷にほど近い場所ということも、じつはよくわかっていなかったのです。しかも帰国後、初めて暮らした東京は東の端のほう。ですからこのあたりの地理自体、詳しいわけではありませんでした。それがよかったのかもしれませんが、なんとなく住んでいる人がたくさんいて、商店街があって、近くに緑もあるということは、土地柄が安定しているように思えたのです。だからＬＩＦＥをオープンすると同時に、僕もこの代々木公園エリアに引っ越すことにしました。

お店同様、ここでの暮らしも十年が経ちましたが、心地よく暮らせる街ということを実感しています。古いお米屋さんや三十年間続いている飲み屋さんがあったり、生活に必要なものだけが至極すっきりとおさまっている昔ながらの商店街があります。そしてなんといっても渋谷や原宿に近いわりに生活感があることが、僕にとっては心地よく思えました。

ただ一つ。僕がここで店を出すにあたっての問題は、この物件が大きすぎたということでした。最大でも広さは二〇坪、自分が出せる家賃は三〇万円以内でしたが、予定していたより坪数が少し大きかったし、その分の家賃も当然高かったのです。物件面積は二五坪で、家賃は管理費と合わせて五二万五〇〇〇円でした。

本当にやっていけるかどうか、とても不安でした。自分が思っている以上の家賃を無理に出すことで、必要以上にお店の椅子の数を増やして集客数を上げることに必死になってしまい、自分が一番感じて欲しい心地よさからどんどん遠ざかってしまうのではないか、そんなことも考えました。田舎者の僕は、こんなとき特に東京の物価の高さを思い知らされるのです。田舎にはない保証金や何かとかかる管理費や更新料。いったい何を管理してくれるのだろう……?なんで更新にお金が必要なのだろう?? そんな思いで物件の資料を眺めていました。

ところがそんな不安を吹き飛ばす出来事がありました。

自分のなかで物件を決めようかどうか迷っていたので、栃木にいる父に一度、物件をみてもらったときのことでした。商店街に面した代々木公園駅の地下から上がった出口で父と待ち合わせをしました。

父は商店街の感じをみてすぐに、「この商店街なら間違いないだろう」と、まだ肝心の物件を実際に目にすることなく、そう言ったのです。おそらく駅にいる人の感じや商店街の活気を読んでの言葉だったのだと思いますが、肝心な物件をみずに出てきたその一言で、僕はとても安心しました。自分の考えに自信を持つことができたし、同じ飲食業者でもあり、商売の経験も豊富な父親は、同じく商売人の祖父の息子だったたし、僕はその子供です。最低の売上は見込んで「いけるだろう」と言ってくれたのだと思いました。

自分にとっていい物件とは何か？　それは一言では表わせませんが、無理なく自分のペースで、毎日が気持ちよく一生懸命仕事ができて、心地よく生活できる場所であること。いいと思う場所を同じようにいいと思ってくれるお客さんが集まる場所。それがそのお店ならではのお客さんになり、その街のいい風景になっていくのだと思います。

僕の
独立開業

ひょんなことから決めた
独立ですが、
スタッフが揃った瞬間、
気持ちが熱くなりました

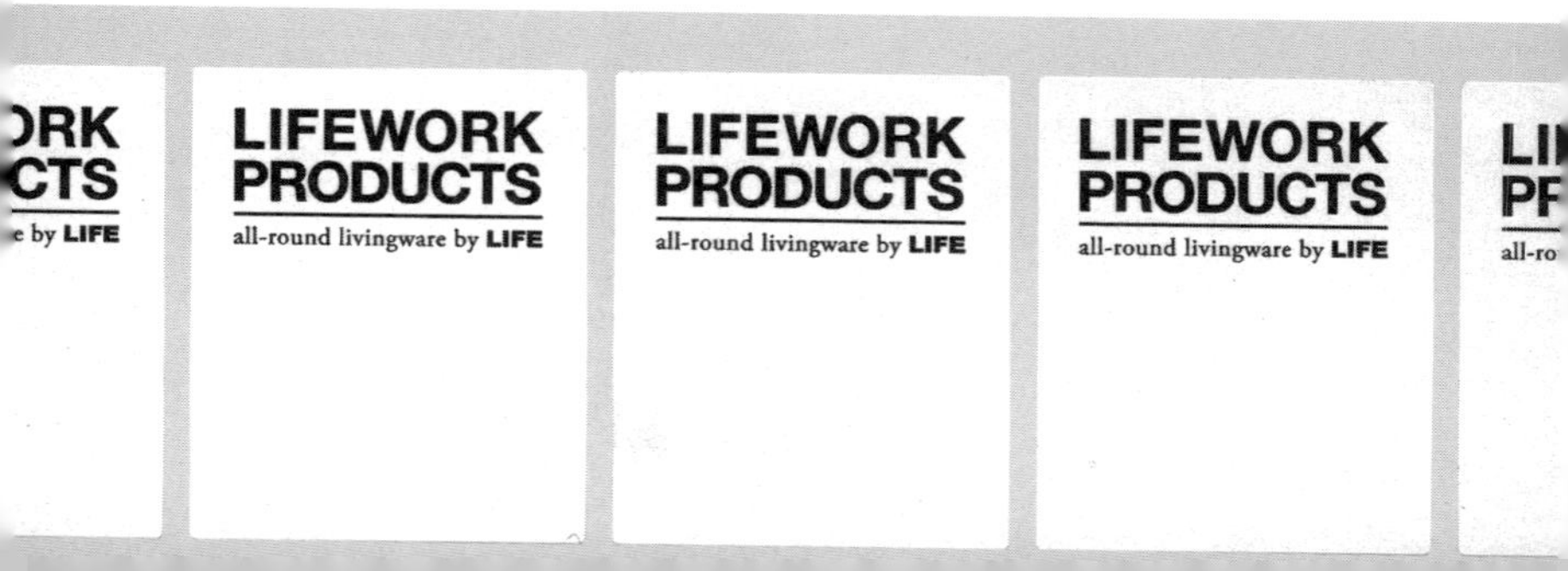

二十五歳の僕は、二〇〇〇年から三年間、東京・原宿にニューオープンするイタリアンレストランで、店長兼料理長をしていました。その会社はアパレル業務がメインでしたが、それ以外に飲食業もやっていて、その部門を任されていたのです。

この会社の社長が、イタリアにアパレルの展示会や買い付けに来ていた際、ある知人を介して修業中の僕に声をかけてくれたことをきっかけに、原宿にお店をオープンすることになったのです。もともとその場所でカフェを営んでいたのですが、フードメニューが乏しく、売り上げが伸び悩んでいたのだそうです。そこでお店のリニューアルとスタッフの大きな入れ替えをして、カフェからレストランへリニューアルオープン、という話になったのでした。

オープン時はちょうど、その会社のアパレルのお店があった原宿の奥のエリアである裏原宿が大ブームでした。裏原宿ブームの勢いに乗り、会社は渋谷の百貨店の丸井やパルコにも出店、アパレル部門のスタッフもどんどん増え、みるみるうちに大きな会社になりました。四、五人だった会社が、あっという間に二十人ものスタッフになったのです。東京の商売のすさまじさを目の当たりにしたと同時に、正直怖いとも思いました。

レストランがオープンして三年が経った頃、裏原宿のブームも落ち着いたからか、社長から突然、飲食部門を閉めると聞かされました。もともとアパレルが本業の会社だったので、アパレル一本に力を注ぎたいという理由からでした。話が出たのは、ちょうど年が明けた一月初頭で、なんと二月いっぱいで閉店すると言い出したのです。

突然の話にビックリしました。店長だった僕は「店のスタッフたちになんて言おう⁇」と、戸惑うばかりで実際にどうするべきか頭は真っ白でした。ただ、すでに閉めるということが決まっていることに変わりはなく、そのことにいつまでもくよくよしているわけにはいきません。

僕もいつかは独立したいという夢を持っていたので、いいように考えれば、これはチャンスなのではないか、と自分自身でお店をやる方向へと気持ちを切り替えました。とはいえ、約三か月後には退社しなければなりません。けれども、物件はおろか、スタッフは誰もいないし、開業する資金もありません。すべてゼロです。

その出来事を父に話したところ、すぐに「いいタイミングだから店をやれ。後にも先にもどうせ自分でやるつもりだったんだろう。開業の方法は俺が教えてやるから心配するな」と言ってくれました。父はお店をやることに慣れっ子だし、立地の坪単価や内装費用や開業資金の借り入れの事などすべて教えてくれました。僕もイタリア修業時に二軒のお店の立ち上げに関わっていたこともあって、お金以外のことはなんとなくイメージができました。

さっそく父のアドバイス通り、都内の商工会議所に行って、独立開業に必要なお金の借り入れの実際や新規の開業の手続きの説明を詳しく聞きながら、銀行に提出する借り入れ計画書をつくりました。商工会議所とは、小規模な事業者、製造業で従業員が二十人以下、商業サービス業では五人以下の経営の改善のための相談や支援活動を行っているところです。

それから不動産屋さんへ行き、店舗用の物件探しをはじめたのです。その頃の僕は帰国してまだ三年しか経っていなかったので、東京の土地勘も全然なかったし、どこのエリアから探していいかまったくといっていいほどわからなかったのですが、とにかく知っている名前の街から探すことにしました。

原宿、渋谷、恵比寿、代官山、中目黒といった名の知れた街の物件をみにいったのはいいのですが、個人の僕が借りられるような物件は一つもありませんでした。どこも家賃が高すぎ、東京の物価の高さを思い知らされました。

原宿のレストランで働いていた頃、会社の事務所は渋谷区の初台にあったので、原宿から初台まで自転車で代々木公園を通り抜ける道は僕の通勤路でもありました。そのおかげで今ＬＩＦＥがある代々木公園エリアの八幡商店街は、それなりに勝手知ったるところでもあったのです。自転車で通っていると公園の緑が目に入ってきて、とても気持ちのいいところだと思っていました。

そんなことから自分のお店を出すなら、代々木公園駅かその隣の代々木上原駅がいいかなと何となく当たりをつけてはいました。原宿のレストランはＪＲ原宿駅のほかに、駅でいうと明治神宮前駅からも近かったので、同じ地下鉄千代田線の隣駅、代々木公園駅なら、お客さんもきっと来てくれると確信しました。

そんな二つの理由からこのエリアに的を絞り、物件を探していきました。そうして出合ったのが今あるＬＩＦＥの場所です。新築の工事中のビルで二五坪、初めて内見したときは大きいというイメージでしたが、渋谷や原宿の繁華街に比べて半分までとはいきませんが、三分の二くらいの土地価格だったので、思っていたよりも安いという印象でしたし、自分にとって現実的に思えました。しかも代々木公園駅の街は、観光地ではなく、ここで暮らしている人が多いという印象だったし、大きな公園も近くにあって、商店街にはたくさんの人が行き来しているところでした。僕にはこういったことも含め、この街、すべてがよく思えました。

この物件にたどり着くまでに何軒も何軒も不動産屋をまわりましたが、なかなかいい物件にたどり着かない、というよりは、真剣に相談に乗ってくれる不動産屋さんに出合えなかったので、代々木公園駅の商店街で実際にお店をやっている人に話を聞きにいき、世話のいい不動産屋さんを紹介してもらうことからはじめました。そして、今のこの二五坪の、最高の物件を紹介してもらうことができたのです。

物件の引き渡しは五月でした。物件がみつかったときは二月だったので、勤めているお店をたたんだり、オープンの準備をするにしても余裕があってちょうどいいと思い、契約審査へと進みました。

同じ頃、原宿でともに働いていたスタッフたちは、お店が閉店した後の就職先の話をしていたので、「いっそ、みんなで移動してしまおう」と誘いました。みんな仲良くしていましたし、入社時の面接は僕がしたこともあり、本当に気の合うスタッフばかりだったのです。だから、ここで関係を終わりにすることに寂しさを感じていた僕は、まだそれほどいろいろなことが決まっていなかったのですが、自分がお店をはじめることを打ち明けてみたのです。すべてが初めてのことなので、給料や待遇面の保証は一切なしという悪条件でしたが、みんな喜んで賛同してくれました。アルバイト全員までは誘えませんでしたが、社員だった四人のうちの一人は辞めた後にイタリア修業に出発したので、残りの三人と僕でスタートすることになりました。さらに、イタリアで料理修業を終えて帰国し、上京して間もない五歳下の弟が職を探していたので、これもまたタイミングがいいと思い、スタッフとして数に入れることにしました。僕と弟、そして三人のスタッフで五人が集まり、これならお店を無事オープンできそうだ、ようやくそう思えました。

今でも覚えています、こうしてスタッフが揃ったことで、自分の気持ちが不安から一気に、みなぎる熱い気持ちへと変わっていったときのことを。オープンが楽しみで仕方がなくて、毎日、とてもワクワクしていました。きっかけは勤めていたお店が閉店することだったけれど、最終的には父の言葉と仲間の後押しで独立を決めました。その後の気持ちに一切迷いはありませんでした。この仲間となら、絶対にうまくいく、そう確信できたので。

物件の手続きや借り入れ審査などもクリア。貯金がなかったスタッフのみんなは、毎日アルバイトをしながら空いている時間に無償でお店のオープン準備を手伝ってくれました。みんなへの感謝の気持ちを胸いっぱいに抱えながら、おかげさまで二〇〇三年六月にグランドオープンを迎えることができました。お金がないのはもちろんですが、オープン準備のすべてが初めてのことばかりだったので、気持ちもスレスレ、ギリギリのオープンでした。

オープンから三か月間は目が回るほど忙しい日々が続きましたが、まだ充分に人を雇えるほどお金に余裕がなかったので、少ない人数で必死に働きました。二か月間は一日も休まず営業しました。おかげさまで最初の給料日からみんなが家賃を払っていけるだけの、一応ちゃんとした額を渡すことができました。三か月が経つ頃にはスタッフを増やすこともでき、みんなで順番に休みを回すこともできるようになりました。その頃のスタッフみんなのひと安心した顔を、今でもはっきり覚えています。

やるしかない状態からの僕の独立開業でした。

LIFEという店名

イタリアンなのに
英語の名前?!
それは店名にも
自分の思いを
こめたかったから

二〇〇〇年頃の東京では、イタリアンレストランといえば「CIAO!〇〇」や「〇〇ピアット」といった店名があふれていました。そこで他のお店とは一線を引きたいと悩んでいた僕は、単純にイタリアらしくない店名をと考えました。そこでつけたのが「LIFE」という名です。ホールのサービスマンは白シャツに黒のスラックス、オープンキッチンから見えるシェフは白いコックコート姿、これが僕にとってのイタリアンレストランのイメージでした。席に座るとすぐ、お通しのようにサービスのパンとオリーブオイルが出てくるという感じ。けれども、僕がはじめるお店は、そういったイメージとはみた目も店名もまったく別ものにしたかったのです。

イタリアでいうと、こういったスタイルはとてもオーソドックスな、おもにリストランテのスタイルですが、僕がイメージしていたのは、街の食堂のトラットリア（リストランテより気軽でカジュアルに使えるお店）やオステリア（街の定食屋）に近いものでした。もっとイタリアのローカル感がプンプンと感じられる、スタッフが気さくで、リーズナブルで、思い立ったらぱっと行けるような、そんな使い勝手のいい下町のお店をイメージしていました。僕がみてきたイタリアのローカル向けのお店は、その街に暮らす人たちが気軽に週一回はふらりと立ち寄れるような、もっとラフでフレンドリーな感じだったのです。

そういうお店でポイントになるのは、ホールで働く人の振るまいです。それにはオーナー自らがホールに立つのが一番いいと思います。

僕が働いていたイタリアのお店では、オーナーがお客さんと楽しそうに会話をしながら、自分のおすすめのワインを開け、サービスしていました。オーダーのときにオーナーに同じものをすすめられると、お客さんは喜んでそれを注文していたのを覚えています。お客さんと親しいからこそ、予算に見合ったおいしいものをさりげなくおすすめできるのですが、それもオーナー自らがホールに出ているからこそ。そんな感じがとてもいいなと思っていたのです。

それぞれのお店の独特のサービスがあることはカッコいい！　お客さんと近しいから、言えることやできることがある。「自由なサービスがあっていいんだ」と、強く思ったのです。いつでも仕事とプライベートをきっちり分けることがなかったオーナーは、お店に来たお客さんや友達を、まるで自分の家に招いているかのようにもてなし、喜んでもらっていました。そんな様子をみながら、僕も自分でお店をやるときはこんなお店にしたいと思っていました。

イタリア語でないお店の名前を、といえども、なぜ「ＬＩＦＥ」なのか？

じつは自分のお店をはじめることは、僕にとっても生活全体をいったん見直す、よい機会でした。だから自分自身の生活環境もとても気になりはじめていたのです。それは何より、お店をはじめたら、もしかしたら今より自分の時間がなくなってしまうのではないかという不安からくるものでした。

僕にとっていい時間ってなんだろう？

僕にとっていい仕事ってなんだろう？

それを実現するために仕事に対してどう向き合っていけばいいんだろう？　お店のオープン準備をしながら、いつもそんなことを考えていました。私生活っていったい、どこまでをいうものなのか？　雇われていたときは、厨房で料理をつくっている時間が仕事の時間だと思っていたので、定休日の時間との使い分けが簡単でした。けれども自分でお店を経営するなら、料理をつくる以外の仕事もたくさんあります。そこを無理せず、リズムよく過ごすにはどうするべきか？　それにはお店（仕事）が心地のいい生活の一部になればいいんだと思ったのです。そんな思いからＬＩＦＥという名前をつけました。そして何よりＬＩＦＥがお客さんの生活のなかでも、身近な存在になって欲しいという思いも込めました。

僕のなかでの「ＬＩＦＥ」は、〝人生〟ではなく〝生活〟という意味。出てくる料理はベーシックなイタリア・トスカーナ料理。世界中どこを探しても、こんな英語名のイタリア料理店はないんじゃないかな。

お店の内装

自分たちも参加して
出来上がった内装は、
居心地のよさを求めて
今も現在進行中

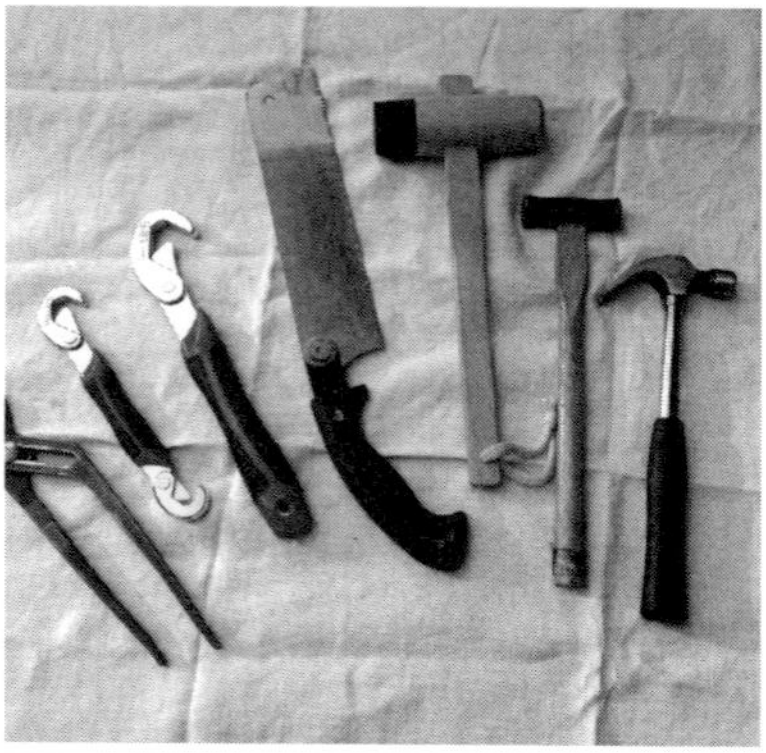

開業資金がギリギリだったという理由から、オープン当時のお店の内装は、未完成といえば未完成だし、完成といえば完成というどちらともつかない状態でした。壁は下地用の石工ボードと呼ばれる材料を貼っただけで、本来であれば、その上にさらに壁を貼り、塗装をして仕上げるのですが、貼り合わせ部分やビスを打った部分もパテ埋めさえもなしという状態でした。そこで僕らは、自分たちで壁を白く塗装し、ひとまず完成としました。

じつは内装業者の方に無理をお願いし、職人さんたちにすべておまかせするのではなく、自分たちもできることは参加することで、工事や塗装の経費を節約して進めてもらったのです。それでずいぶんと開業資金を押さえることができました。自分たちで手を動かしたことで、お店に対しての思い入れも全然違ったものになったと思います。

オープンした後も中途半端だったお店の内装ですが、お客さんにはそれが逆に新鮮に映ったようで、「手づくり感があっておもしろくていいね」と言ってもらえました。決して狙ったわけではないのですが、プロには真似のできない、素人だからこそのいい意味での温かな手づくり感が出たのかなと思っています。

だからか、オープンして間もない頃は、よく家のリフォーム雑誌やＤＩＹの雑誌に取材の声をかけていただきました。トイレは、まさに板を貼っただけの状態でしたので、色気がまったくなく、今でもまるで工事途中のようです。入り口の鉄の扉も塗装をせずに作業を終わりにしたため、錆びだらけ……。そういったものも、やっと資金にも時間にも余裕ができたオープンから一年が経った頃から、少しずつ自分たちで手を加えていきました。ただし、お店を丸一日休んで作業するほどの経済的な余裕はなかったので、すべては営業終了後の深夜に手分けをしてみんなで、という作業の仕方でした。

作業には、若いスタッフを何人か誘っていました。僕はとても楽しかったし、大好きな時間でした。が、みんなは早く帰って寝たいがために、夢中で作業をしていました。石工ボードの壁の上に木の板を貼りつけ、さらにそこを塗装して雰囲気のいい木の板を貼りつけたりしつつ、全体の雰囲気をみながら少しずつつくり足していきました。

オープンして三年目まではこんな感じで、半年に一度は深夜にスタッフみんなで大作業ということを繰り返していました。だから簡単な内装道具は揃っていますし、今では僕も電気ノコギリを使うことや壁を塗る作業はお手のものです。ちょっとしたお店の修理や改装も自分たちでできます。しかも、こうして自分たちで働く場所をつくっていくことで、さらに愛着が湧くし、大切に使うようになりました。何よりスタッフたちと一緒に楽しみながら作業できたこともよかったなぁと思っています。

それにしても、ちょっとしたテーブルをつくってみたり、カウンターの天板を変えたりと、店内で手を加えていないところがないくらい改装を繰り返しました。少しやりすぎ感はありますが、自分のお店なので楽しければOKなのかなと考えています。

余談ですが、僕のDIY好きの影響かどうかはわかりませんが、オープンからともに働いていた料理の見習いスタッフの一人が、ある日、家具職人になりたいと言いだし、転職することになりました。次のスタッフがみつかった時点で円満退社した彼は、約八年をかけて家具職人になるための学校に通い、現場修業を経て、ついに自分の工房を持って独立を成し遂げました。今ではLIFEや新店舗の『LIFE son』のテーブルや椅子から、ちょっとした内装工事まで手を貸してもらえて、とても助かっています。

お客さんにわからない程度に少しずつ店内が変化していくことは、お店にとってもいいことだと思います。なぜなら、この少しの変化がお店全体の雰囲気をいっきに新しくすることなく、新しいお店の雰囲気へとなんとなく変えていくからです。少しでも手を加えると、誰かしらお客さんに「何かはわからないけど、お店が少し変わりましたか？」と言われます。部屋でたとえるなら模様替えのようなもの、要は気分転換です。

そうやって少しずつ、ベストなお店へと育てていきます。オープン当初は、高くて買えなかった椅子やテーブルも買い替え、本命の家具にすることで、一歩また一歩と完成形へと進んでいくのです。年々席数も増えましたし、店内のレイアウトもずいぶんと変わりました。一時期は飾り物や家具が増え過ぎてしまったので減らしたり、ということもしました。

お店は生き物だと思っているので、そのときどきによってマイナーチェンジが必要だと思います。オープンしてずっと変わらないというよさもありますが、僕は自分が飽きっぽいこともあり、ちょこちょこ変化させ続けているのです。客席の配置を変えることでお客さんからみえるお店の風景が変わるし、模様替えの後は、必ずすべての席に座って居心地の悪い席が一つとしてないように確認しています。居心地の悪い席があると、せっかくの食事が台なしになるし、不愉快になります。椅子やテーブルの高さ、隣りの席との距離、お客さんから僕たちの作業場はどうみえているのか？　スピーカーの近くの音楽の音はうるさくないか？　暖房やクーラーの近くは効きすぎていないか？　出入り口はどうしても人が後ろを通るので騒がしくないか？　など、挙げればきりがないほど確認する点はあります。そんな細かな一つ一つのことにスタッフみんなが意識を傾けるようにしています。ただし、心地よさというのは人それぞれなので、今まで自分が経験してきたことを細かく、しっかりスタッフに伝えておく必要はあると思います。

さらにそのときどきの状況に応じて臨機応変な対応が肝心で、ここがサービスをする者の腕のみせどころであり、もっとも大切なところ。気が利くお店と、利かないお店の差が出てしまうので気をつけています。

部屋でも落ち着く部屋、落ち着かない部屋といろいろあるように、当然お店にもそういったことはあるので、皆が落ち着いて心地よく食事ができるように、僕自身、よいお店や落ち着くお店に出合ったら何が心地いいのかを自分なりに感じ、確認するようにしています。


僕がイタリアにいた頃に好きでよく行っていたお店は、まさにそんな心地よさを感じるお店でした。活気もあり、サービスマンのマニュアルにはないような粋なサービスがとても素晴らしかったと思います。それは、一杯のグラスワインを頼んだとき、ボトルに残ったワインが中途半端だからと、規定の量よりも多くつぐようなことだったり、予約なしで来たお客さんを五〜一〇分お待たせする際のサービスのグラスワインだったり、とさまざまでした。

また少し暗い照明やギュッと詰まった狭い感じが隠れ家的な雰囲気のお店では、料理をよりおいしくみせたり、家にいるようなくつろぎを演出してくれる、テーブルの上のキャンドルの炎が重要だと感じています。酔いが回ってくると、明るすぎる照明は疲れます。店内の音楽が静かすぎると人との会話が盛り上がらないということも……。そんなことを意識して繁盛店に行ってみると、すべてのバランスが絶妙にとれているお店が多いような気がしました。

二〇一二年の一〇月に、僕はサンフランシスコのバークレーという街の『シェ・パニース』という、アメリカで最も予約が取れないといわれている人気レストランに行きました。決してカジュアルなレストランではありませんでしたが、店内はとても賑わっていて、オープンキッチンがすべての席からみえました。シェフがスタッフたちに指示を出す様子は、まるで生中継のドキュメンタリー番組を観ているかのような雰囲気さえあり、とても楽しく食事をしました。

そのとき、改めて確信したのです。やはり料理は、多くの仲間とワイワイ食べることに勝るものはないと。そんな光景に寄り添うようにテーブルや椅子を配し、まわりの物たちもトータルで心地いいものにしていきたいと思いました。内装はそのお店の趣味や志向で変わってきますが、最終的にはお客さんが心地いいと思える空間に落とし込むことが大切なのだと思います。LIFEはいつも木の素材を選んでいるような気がします。それもちょっとくすんだ素材に限っています。新品のピカピカした物よりも、くすんだ物には使い込み、落ち着いた雰囲気を醸し出す力があるように思っているからです。

カフェ卒業生、レストラン入学生

「店のコンセプトは?」
尋ねられても
うまく答えられなかった
僕は……

お店をスタートさせるにあたって、まずは自分なりにコンセプトを考えてみようと思いました。実際にオープンしてみないことには、コンセプトやターゲットがはっきりとはわからないというのが本当のところです。が、それじゃあ何も考えてない意志のないお店になってしまうと思い、とりあえず、わけもわからず「コンセプト、コンセプト」とよく言っていました。

それまで僕は自分のお店を持ったことがなかったので、お店のコンセプトを考えるということは、まったく未知のことであり、容易なことではありませんでした。

お店のテーマは？

どんな店にするか？

当時僕の考えていた飲食店は、単純に食事をするところでしかなかったし、自分で自分に突然の宿題を出されたようで、ただひたすら考えて悩んでいました。他のお店に行けば行くほど、そのお店のテーマがみえてくるようになるし、友人たちからもコンセプトは？　と問われ続け、どうしたものかと考えあぐねていたのです。

ある日、悩んでいた僕に、知人がこう言ったのです。

「どんなお客さんにお店を利用してもらいたいの？」

「どんな雑誌を好んで読んでいる人に来て欲しいの？」

「どんな職業の人を接客していると、自分が楽しく仕事できるの？」

「来て欲しいお客さんの服装は？」

「自分はどんな服が好き？」

「趣味は？」

僕はその場で一言も答えられませんでした。そしてそんな自分にショックを受けました。

その後、僕はとりあえずこう考えることにしました。料理やサービスに関してのコンセプトはいったんおいておき、自分が毎日気持ちよく自由に使える接客用のリビングをつくろうと。自分の好きな家具を並べて、好きな音楽をちょうどいいボリュームで流し、緑をたくさん飾って、僕の好きな古い洋書の絵本や雑貨を置くことにしました。そこで気の合う仲間たちと一緒に働き、自分たちの世界観に共感してもらえるお客さんたちに来てもらいたい。雰囲気がよくて食事がよりおいしく思えるような食卓をつくろう、というふうに内装をイメージしてみました。

僕がイタリア料理の修業から帰国した二〇〇〇年頃、日本ではイタリアンブームがいったんおさまり、今度はカフェブームの真っただ中でした。僕はその頃、休みの日に買い物に行くときや友達と会うときは、必ず決まって流行っているカフェに通っていました。それはちょっとした休憩や人と会うときにとても都合がよく、心地よく感じられたからです。

渋谷の路面にあるカフェは決まってテラス席があるか、もしくは外からも店内がよく見渡せ、気持ちよくコーヒータイムを過ごしている風景がのぞけたことから、僕はカフェのカジュアルな感じや居心地のよさに興味がわきはじめました。カフェがいいなと思う気持ちは、休みの日にカフェに通うごとに増していったのです。

そこでレストランの内装や雰囲気は、カフェに比べると僕には少し殺風景で、カフェの心地よさとは大きな違いがあることに気づいたのです。同じ飲食業でもレストランのサービスは料理を基本にしてすべての物事を考えていきますが、カフェは〝気軽で、いつでも利用できる便利さ〟が特徴だと思いました。レストランにもサービスランチはありますが、毎日通うことは僕らの世代ではあり得ないことでした。

さらに働いている店員さんたちを観察してみました。レストランの場合はサービスをきっちり、しっかりやらなければいけません。けれどもカフェの場合は、お客さんを少し放っておく感じさえあります。僕はその両方のいいところを取り、お店に知人や親しい友達が来たら気軽に店内で話ができるような雰囲気をつくりたいと思いました。

またお店の雰囲気や店構えは、とにかく入りやすいものにしたいと思い、店内のレイアウトは外に近い席をできるだけ増やし、よりくつろいでもらうためにソファー席も絶対につくろうと決めていました。そこでカウンターとソファー席を一つのエリアに集め、店内で話をしていても他のお客さんに迷惑がかからないようエリア分けしました。さらにキッチンのすぐ前にカウンターをつくり、その奥にソファー席を配置するのはどうかと考えました。

僕はコックとして勤めていた頃から、厨房の中で料理をつくりながらも意識してホールに出て直接お客さんともよく会話を楽しんでいました。そういうことがとても心地がよく、好きだったのです。そんなことを思い出し、お店のサービスや内装はカフェのようにカジュアルに、料理は修業していたトスカーナ料理のイタリアンでいこうと、ようやく自分のなかできっちりとアイデアがまとまりました。

カフェ好きの人も入りやすく、レストランに通い慣れている人にも料理を満足してもらえるようなお店をつくろう。

それぞれのいいところを取り入れて無理なく中間的に。それが僕の考えるカフェ卒業生、レストラン新入生のお店なのでした。

LIFEの料理は量が多め

いい意味で裏切りたい、
そして、
みんなでワイワイと
楽しく食べてもらいたいから

一人前のサイズはお店によってまちまちですが、LIFEの一人前は少し量が多めです。その理由はいくつかあって、一番目は僕が食いしん坊だということ。二番目には食べ終えたときに満腹だぁ、と思って欲しいから。これはお店の満足感にもつながるし、せっかくおいしくても物足りないとお互いに残念だなと思うので。LIFEは女性のお客さんが多いように思われているところもあり、ボリューム感はあまり期待されていないので、あえてそこをいい意味で裏切るように意識しています。だからといって、なんでも多くしてあればいいというのではなく、素材や盛りつけに気を配り、みた目はボリュームがあるけれど、食べるとあっさり、といったふうにまとめるよう工夫もしています。

それからもう一つ。少人数ではなく、大人数で食事をしてもらいたいということもあります。食事はワイワイと大人数で楽しく食べるに越したことはないと思っているのですが、ふだん家で食事をするといっても、たいがい二、三人か、家族がいても四、五人が限界でしょう。一人暮らしになると、当たり前ですが、一人ということも少なくないはずです。だから、ふだんとは違う特別な食事を、ここで賑やかに、楽しく食べてもらいたいという思いがあり、気兼ねなく取り分けができるよう、量を多めにしているのです。例えば、ルッコラサラダとパルミジャーノ、プチトマト、パルマ産生ハム、自家製ソーセージグリル、クロスティーニ二種、野菜の卵キッシュ、日替りの野菜を使った前菜、全部で六種類の料理が一つのお皿にたっぷり盛ってある、お店で大人気の前菜「トスカーナ前菜の盛り合わせ」は、Mサイズ（一六〇〇円、二人前～）と、Lサイズ（一九〇〇円、四人前～）はあるのですが、一人前は用意していません。中華料理のように取り分けできる形式のメニューというわけです。

ところでこのメニュー、食事をスタートさせる前菜にもっともふさわしく、みた目にも食欲を満たしてくれるような内容に工夫しています。それは食事ではスタートが肝心なものだからです。イタリア修業時代、よくオーナーに「前菜でつまずいてしまったら、後の料理に悪い影響が出てしまう。とくに一口目の人間の舌は敏感だから、はじめが肝心だ」と言われていたことが、今でも染みついているのだと思います。はじめの印象がよくないと次の料理に期待を持ってもらえない、そう思っている僕は、最初にぐっと引き寄せる――そんなイメージで前菜を考えているのです。もちろん、後に続くメイン料理も副菜もともに引けをとることのないよう、付け合わせにもさらに食べ応えを出すようにトータルで考えています。とはいえ、一つ一つの料理の量が多すぎるのは、他にもいろいろな料理を食べたい人には逆によくないことでもあるので、オーダーの際に声をかけ、量を調整するなどバランスをとるようにしています。

とにかく「ああ、今日は食べた！」と、満足して帰ってもらえれば、それが一番！　最高です。

TOOL #1

【パン切り用まな板】
知り合いの家具屋さんにつくってもらったオリジナルのパン用まな板。どっしりとしているのでちょっとやそっとではズレません。木は堅いナラ材を使用。本来、堅い素材のまな板は包丁の刃によくないのですが、パン切り専用のまな板は思いきり力を入れて切るので削れて消耗が早いのです。だからLIFEでは、あえて堅い素材の物を使っています。

お店は自己表現の場

ＬＩＦＥは食事が
できるだけではない！
自分がやりたいことを
提案することで
ファンができた

自分のお店を持つようになったら、好きな音楽のライブをやったり、好きなアーティストの絵や写真を展示したり、ワークショップを催したりして、お店を自分たちの好きな物だらけにしよう、と思っていました。

LIFEをはじめたとき、ここは食事をする以外に、人と人がつながっていく場所にしたかったし、つながった人たちと楽しめるような場所をつくっていきたいと考えていました。もちろんお店を続けていくためと自分たちの暮らしもかかっているので、経営的な損益についても考えるし、商売としての数字を無視するわけにもいきませんが、まず最初は自分たちの理想の形とやりたいことを優先したいと思い描いていました。

お店は僕の仕事場でもあり、自己表現の場です。自分たちのやりたいことや気持ちを表わす場だとも思っています。そんな気持ちや、やりたいことを、ライブや写真展、ワークショップなどを催したり、お店のお知らせや情報を掲載するフリーペーパーを自分たちで発行するという具体的な形にしてお店に落とし込んでいきました。

LIFEでライブをやるときは、例えば、次のようなことを考えます。

ライブで演奏してもらいたいアーティストを呼ぶにはどこへどうやって問い合わせをすればいいのか？

どのくらいの出演料が発生するのか？

そしてその出演料や経費をまかなうためには入場料をいくらに設定して、何人を呼んだらいいのか？　いつ頃の季節に、何曜日にイベントをすれば人数が充分に集まるのか？

こんなことを想定しながらイベント内容を構成していきますが、イベントにはお客さんはもちろん、僕たちスタッフが好きなアーティストを呼びます。そうすることでスタッフはもちろんですが、僕もイベントに対して気合いが入るし、自分たちが好きなことや信じていることを人に伝えるということに、どれだけの大きな影響力があるかを、イベントやワークショップを何度か重ねていくことで、思い知らされてきたからです。

ＬＩＦＥのイベントを楽しみにしてくれているお客さんの人数が年々増えることで、「ＬＩＦＥは食事を出すだけのお店ではないんだ」、「ライブやワークショップ、ときには写真展や販売会もお店で開催するんだ」、「少し変わったおもしろいお店なんだ」ということを伝えることができたように思います。

オープン当初はなかなかイベントが認知されず、開催してもたくさん集客があったわけではなかったけれど、自分たちが楽しめればよいかと開き直り、今まで続けてきました。現実的に無理なことがあってもどうにか形にしていた感じです。理想を具現化するまでには少し時間が

筑摩書房 新刊案内 ●2014. 5

●ご注文・お問合せ
筑摩書房サービスセンター
さいたま市北区櫛引町 2-604
☎048(651)0053 〒331-8507

この広告の表示価格はすべて定価(本体価格+税)です。 http://www.chikumashobo.co.jp/

豊﨑由美

まるでダメ男じゃん!

──「トホホ男子」で読む、百年ちょっとの名作23選

小説界は
ダメ男の宝庫?!

**ジコチュー型から尻軽タイプまで。
不朽の名作に、こんな楽しみ方が
あったとは!**

『カラマーゾフの兄弟』『坊っちゃん』など広く世に知られる東西の文学作品、実はそこは「ダメ男」の宝庫だった。そのダメぶりを軽妙な筆致で描く、比類なき文学ガイド!

82376-2 四六変型判 (3月26日刊) 1600円+税

©しりあがり寿

価格は定価(本体価格+税)です。6桁の数字はJANコードです。頭に978-4-480をつけてご利用下さい。

なだいなだ

常識哲学

―最後のメッセージ

常識とは何か？　臨床医の経験から生まれたそんな問いと真摯に向き合い辿り着いた、不透明な時代に翻弄されない生き方の哲学。著者の切実な思いが詰まった一冊。

84303-6　四六判（5月15日刊）予価1500円＋税

「もう時間がない」。必死で伝えたかったことは何なのか！

サミュエル・ライダー

ボケないための、五・七・五

俳句を覚えて、筆記する。それだけでボケが防げる！　忘却と格闘することが海馬や前頭前野の機能を高めるのだ。芭蕉以来の名句厳選一五〇句があなたの脳を鍛えます！

86431-4　A5判（4月26日刊）1400円＋税

句を覚えたら栞で隠す

15秒後、思い出して書く

湯川豊

ヤマメの魔法

桃源郷へようこそ

北国のきらめく流れ、透きとおった緑のなかで宝石のようなヤマメやイワナが踊っている。フライ・フィッシングから生れた懐かしい〈物語〉のようなエッセイ集。

81675-7　四六判　（4月26日刊）　1800円＋税

価格は定価（本体価格＋税）です。6桁の数字はJANコードです。頭に978-4-480をつけてご利用下さい。
★印の6桁の数字はISBNコードです。頭に4-480をつけてご利用下さい。

5月の新刊 ●15日発売

筑摩選書

0090

躁と鬱

陽和病院名誉院長
森山公夫

躁うつ病と診断される人の数がここ十数年で急増した。軽症化、新型うつの登場等昨今の状況を超えて、人類の苦悩の極北的表現としてこの病の両極性を捉えなおす。

01598-3
1600円+税

0091

死ぬまでに学びたい5つの物理学

京都大学大学院教授
山口栄一

万有引力の法則、統計力学、エネルギー量子仮説、相対性理論、量子力学。これらを知らずに死ぬのはもったいない。科学者の思考プロセスを解明する物理学再入門。

01600-3
1500円+税

好評の既刊 ＊印は4月の新刊

世界恐慌（上・下）——経済を破綻させた4人の中央銀行総裁
L・アハメド　現代金融システムの根幹を問うピュリッツァー賞受賞作
01579-2/01580-8 各1600円+税

書のスタイル　文のスタイル
石川九楊　日本語の形成史をたどり日本文化の根源を解き明かす
01587-7 1700円+税

一神教の起源——旧約聖書の「神」はどこから来たのか
山我哲雄　唯一神観の誕生を信仰上の「革命」として鮮やかに描く
01581-5 1800円+税

愛国・革命・民主——日本史から世界を考える
三谷博　明治維新に普遍的英知を探り、世界の「いま」を解明する
01577-8 1800円+税

江戸の朱子学
土田健次郎　江戸時代において朱子学が果たした機能と意味を問う
01590-7 1600円+税

〈生きた化石〉生命40億年史
リチャード・フォーティ　絶滅と危機を何度も乗り越えた驚異の進化・生存戦略とは
01588-4 2100円+税

死と復活——「狂気の母」の図像から読むキリスト教
池上英洋　凄惨な図像に表れる思想から、キリスト教文化の深層に迫る
01592-1 1800円+税

うつ病治療の基礎知識
加藤忠史　関係者が知っておくべき知識を網羅した最新・最良のガイド
01591-4 1600円+税

賃上げはなぜ必要か——日本経済の誤謬
脇田成　労働政策を通じて経済全体を動かす方法を考える
01593-8 1800円+税

自由か、さもなくば幸福か？——二一世紀の〈あり得べき社会〉を問う
大屋雄裕　二〇世紀の苦闘と幻滅を経て、この社会はどこへ向かうのか？
01595-2 1500円+税

＊**傍らにあること**——老いと介護の倫理学
池上哲司　理不尽で現代的な老いの問題をいのちの根源から考える
01597-6 1600円+税

＊**漢字の成り立ち**——『説文解字』から最先端の研究まで
落合淳思　正しい字源を探るには。最新成果を紹介する新世代の入門書
01594-5 1600円+税

価格は定価（本体価格＋税）です。6桁の数字はJANコードです。頭に978-4-480をつけてご利用下さい。

5月の新刊　●10日発売

ちくま学芸文庫

論理学入門

丹治信春

大学で定番の教科書として愛用されてきた名著がついに文庫化！　完全に自力でマスターできる「タブロー」を用いた学習法で、思考と議論の技を鍛える！

09518-3
1100円＋税

満足の文化

J・K・ガルブレイス　中村達也 訳

なぜ選挙で何も変わらないのか。それは政財官学が作り出した経済成長の物語に、多くの人が洗脳されているからだ。先進資本主義社会の病巣に迫る。

09605-0
1000円＋税

増補 大衆宣伝の神話

佐藤卓己

■マルクスからヒトラーへのメディア史

祝祭、漫画、シンボル、デモなど政治の視覚化は大衆の感情をどのように動員したか。ヒトラーが学んだプロパガンダを読み解く「メディア史」の出発点。

09609-8
1500円＋税

Math & Science

物理学入門

武谷三男

■力と運動

科学とはどんなものか。ギリシャの力学から惑星の運動解明まで、理論変革の跡をひも解いた科学論。三段階論で知られる著者の入門書。　（上條隆志）

09608-1
950円＋税

価格は定価（本体価格＋税）です。6桁の数字はJANコードです。頭に978-4-480をつけてご利用下さい。
内容紹介の末尾のカッコ内は解説者です。

かかりますが、仕事やお店に対して妥協をしていると、それなりの結果しか出ません。もちろん理想を追うことがとても大変なことだということくらい、僕もわかっています。時間もエネルギーもたくさん必要なことだと思いますが、やり遂げた後は、「乾きをこらえたあとに飲む、一杯の水のようにおいしい」という達成感があります。このおいしさは一度味わったら癖になります。

自分自身とお店の存在を分けるのでなく、今の気持ちや、やりたいことを常に意識してスタッフ一人一人に伝え、一緒に考えてよい空気をつくっていくことがお店にはとても大切なことなのではないかと思ってます。

ワークショップが
はじまった
きっかけ

入り口近くのテーブルで
楽しそうにしている
人たちが……。
人がいることは
店にもプラスになる

L LIFEはどうやってできたか

二〇〇三年、オープンして間もない頃のＬＩＦＥは、集客が安定せず、お店の売り上げも伸び悩んでいました。夕方六時のオープンからディナー営業がはじまるのですが、七時になっても、八時になってもなかなかお客さんはやって来ません。ひどいものです。そんなときはスタッフの誰かが、近所のお店にお客さんの入りの様子をのぞきにいくことが日課で、必ずエプロンをはずして偵察に来たということがバレないようにしていきました。

ＬＩＦＥには商店街沿いの表の入り口を入ってすぐのスペースに六人席の大きなダイニングテーブルがあります。ここの席が早い時間から埋まっていると、外から食事を囲む風景がみえて入りやすい雰囲気が出てくるためか、比較的早い段階でお客さんが来るように思えました。この席はとくに賑やかにみえるようで、それにつられるように入り口あたりまで来て、中を窺って、お店に入って来るお客さんもいました。お店が混んでくると、それにつられてさらにお客さんは入ってきます。

ただ、そんなふうに毎日うまくいくわけがありませんし、早い段階でお客さんが来るとは限りません。お客さんが前を通ったときに店ががらんとしていると、どうしても入りにくい雰囲気が出てしまうので、〝さくら〟でもいいからと知人や友達を呼んで、ごちそうしたこともありました。

そんなこともあって、どうにかその六人用の大きなテーブルを埋めたいと思っていたときのこと、ある女性のお客さんに、いつもの世間話から、そのテーブルを埋めるにはどうしたらいいか相談してみました。それというのも、彼女はフリーの女性カメラマンさんなのですが、ハキハキしたキャリアウーマンといった感じで、いつもいろいろな方たちと来てくれていたのできっと交遊関係が広いだろうと思ったのです。今までに座ってくれる人をお願いしたことがあるというのも、隠さずにすべて話してみました。そして「入り口の大きなテーブルをなんらかの形で使ってくれる方がいたら誰か紹介してください」とお願いしたのです。

するとと彼女は「ニット教室をしていて個人で教えている友達がいるから聞いてみるね」と応じてくれました。ニット教室を主宰しているその方は、毎回お店を替え少人数制で教室をしていたそうですが、定まった場所を提供してくれるお店を探していたらしく、入り口のテーブルを埋める話はすんなり受け入れられたのです。しかも飲食のお店では一週間のうちで一番お客が入らない月曜日の夜でもいいと言ってくれ、すぐに話がまとまりました。

はじめの三年間は、平日ものんびりしたもので、そのテーブルをニット教室で使うことはお店にとってまったく問題がありませんでした。とくに月曜日の夜は、誰かがいてくれたほうがお店の雰囲気がよくなるので助かりました。

たまにそのテーブルを使いたいというお客さんが来ることもありましたが、この試みを続けてもらいたいという思いがあったのと、店内ががらんとしているほうが危険だと思い、月曜日の晩だけはニット教室に提供し続けることにしていました。外からなかがよくみえる店にとって、前を通る人たちに「ここのお店、また誰も入っていないし、暇そうだね」とささやかれたら最後です。「暇」ということから「悪い店、おいしくないお店」だとイメージされ、実際には食べてもいないのに、外見だけでおいしくないとか、たいしたことはないなどと噂されます。反対に人は人に群がる習性があるので、人が常に入っているということが、お店にとって一番の信用になるのです。

お店をオープンしたら、まず、いつもお店にお客さんがいっぱいいる状態にしなければなりません。お祭りの屋台なんかでもそうだと思います。お客さんの列の長さがおいしさのバロメーター。そんな錯覚をしたことはありませんか？　お店もそれと一緒です。

満席の状態にしてさえいれば、安定した状況がしばらく続くし、思い描いていたよい雰囲気もつくれるのです。オープンしてから三か月くらいはオープン景気が続き、流行っている雰囲気は嫌でも出ますが、難しいのはその直後からです。一回は来てくれても、常連さんの絶対数が少ないので、必ずいったんその勢いは落ち着きます。しかも最初に混みすぎたせいで、通常の状態に落ち着くと、その差が目立つことになります。ニット教室をはじめたのは、うちのお店がちょうどそんな頃だったと思います。

店内に教室のお知らせを貼り、その方に頼ってばかりではなく、僕らもお客さんにおすすめして参加してもらうようにしました。五時半、六時という時間帯は仕事をしている方にとっては早い時間なのでなかなか生徒さんは集まりませんでしたが、集まりが悪いときには、お店ももちろん暇なのでスタッフが一緒にニット教室に参加して楽しませてもらいました。おかげさまでみんな編み物が上手になりました。そして何よりそこに来てくれた生徒さんたちとも、ニット教室を通してとても親しくなれました。人が人を呼び、生徒さんからＬＩＦＥの常連さんになった方もたくさんいるし、今も食べに来ていただいています。

ニットのワークショップを通してわかったことがあります。お店を知ってもらうには、雑誌やメディアの影響力よりも、人から人の口コミがよいということです。メディアの力は、最初の一回はよく効きますが、お客さんもどこかのぞきみに来ている感じなのです。口コミの場合は、その人自身の言葉で伝わっていくので、絶対とはいいませんが、常連さんになる率も高いし長続きします。知っている人からの情報は信用できるし安心感があるので、気軽にお店に来られるのでしょう。ＬＩＦＥのワークショップはそんなことがはじまりでした。

TOOL #2

片手型と両手型があり、両手型のほうは日本特別発注品。
フライパンをテーブルにそのまま出すときに使う板は、お店のフローリング材のあまりをノコギリで切り、ヤスリで削ってつくったLIFE MADEです。

【TURK】

1857年の創立以来、今も変わらない製法でつくられ続けているドイツのクラシックフライパン。鉄の塊を熱し、何度も何度も叩いてつくる製法のできる職人さんは現在、ドイツでも3人しかいないそう。年間8000個しかつくられていない希少価値も男心をくすぐるキッチン道具です。
新店舗のLIFE sonでは、このフライパンで調理した料理を、そのままテーブルに出すといったスタイルでサービスをしています。

もともとはLIFEに来ていた、このフライパンを扱っている日本の代理店の社長さんからいただいて使いはじめたのがきっかけでした。ゴツくて強そうなみた目とは裏腹にとても優しい焼き目がつくのが特徴です。
分厚いので一か所だけが焦げることはなく、全体的にゆっくり火が入るのでステーキにおすすめ。しかも表面の焼き面はしっかりカリカリになります。LIFEでも肉焼き用として特に活躍してくれています。

資金をどうするか

実際に開業するためには、
いくら必要か？
僕の場合はこうでした

自分のお店を持つために一番必要なものは何かわかりますか？　経験や知識や行動力そして人脈といったものも必要だと思いますが、一番必要なのはズバリお金だと僕は思います。僕の経験からいうと、これが現実なのです。夢がなくて申し訳ないのですが、でも事実、開業させるにはお金がないと話になりません。

銀行で借り入れの相談をする場合には自己資金、つまり手持ちにいくらあるかは、窓口で露骨に質問されますし、実際に、借り入れをする場合は必ず通帳のコピーを提出しなければならないのです。

いずれにしてもあらかじめ開業するための自己資金をできるだけ貯めておいたほうがいいと思います。かといって、開業資金全額が貯まるまでお店をやれないというのも違う、と僕は思います。「お店を開業するためにお金を貯めているので、貯まったらお店をやりたい」と言っている人ほど、本当は独立する気がないものです。そういう人は、まだ独立の準備が気持ち的にできていないのです。そんな状態でお店をはじめても、経済的に成功する確率は低い気がします。

お店をやりたいと強く思っている人はすぐにでも自分でお店をやりはじめます。すぐに動きはじめるのです。しかも経済的成功にたどり着くまで、寝る間も惜しんで働き続けるのです。

正確にいうと、寝ている時間も惜しいと思うほど、自分の仕事が好きで熱中しますし、仕事に対して自分にプレッシャーや危機感を持てる人だけしか生き残れないということだと思います。お金は、その成功の結果として残るのです。

ただ、開業をする前はそうもいってはいられないので、お金がなかったら、何とかしてお金をかき集めなければなりません。僕のまわりで独立していった人は、みんなに頭を下げながら、なんとかして自分でお金をかき集め、開業していました。僕も、もちろんそうでした。

お金が貯まったらなんて呑気なことを言っている人は、ある意味、お店を出すリスクをよく理解している人だと思います。けれども慎重に考えたあげく、残念ながらお店はやらなかったという人がほとんどです。事実、お店をはじめてしまったら計画と理屈だけではやっていけません。むしろ計算通り、理屈通りにいくことのほうが圧倒的に少ないくらいです。

じゃあ自己資金が、まったくなかったらどうすればいいのか？　とにかく漠然とでもいいので開業計画を立てることが大切です。まずは身のまわりですでに事業をやっている人に相談するのが間違いないと思います。そこでその人がどうやって開業資金を集めたのか、なども遠慮なく聞けるといい。僕の場合は父親が地元栃木県で飲食店を経営していたので、頼りにし、よく相談をしていました。

一番危険なのはまったく計画性なく、とりあえずスタートしてしまうことだと思います。飲食業だったら、具体的に開業のビジョンを抱いてから実際に店を開くまで、どんなに短くても二、三年は欲しい。料理に限ってもすぐにつくれるようになるわけではないし、どんな店にするのか、どこにお店を出すのか、そしてもっとも重要な借り入れの情報を集めなければなりません。お金を貯めるのであれば、最低でも三年くらいかければいいと思います。勢いも必要だと思いますが、そこは慎重に。

ところで実際に開業するには、いくら必要なのか？　今の時代、入れ替わりの激しい飲食店舗は、居抜き物件が市場にたくさん出回っています。うまくいけば、そういった物件を借り、安く済むケースもあるようですが、不動産の物件価格は、開業した後のお店の立地や、店舗の価値にも必ず比例します。安いからといって、金額だけで決めることはおすすめしません。

そもそも、どこで何をやりたいか？　ターゲット層は？　といったことを、はっきり決めてスタートしないと、お店は絶対にうまくいかないと僕は思っています。それらをきちんと考えることができたうえで、もし資金が足りない、あるいはない場合は、きちんと計画を立て直し、カッコつけずに身内や家族で頼めそうな人に片っ端から頭を下げて頼むのが一番です。

ＬＩＦＥの卒業生を含め、僕は何人もにお金を貸してきましたし、今も貸しています。お金を貸すことに不安はありますが、その人との信頼関係がしっかりしていれば問題ないと僕は判断しています。もちろん出合ったばかりの人にお金を貸すわけではないのですから。自分も開業時にはたくさんの人にお世話になったので、その人たちへの感謝の気持ちを忘れたくないという思いと、そして同じ道に進む人を応援したいという思いを込めて貸しています。

僕の場合、トータルで当時二五〇〇万円がオープン時の経費としてかかりました。自己資金は三〇〇万円（奥さんと三年間で貯めました。そのときの家賃は一か月九万円でした）。

厨房のリース代は三〇〇万円（厨房の業務用冷蔵庫やガス代、シンクなど）

親から三〇〇万円

銀行から一〇〇〇万円（国民金融公庫）

親の知人から三〇〇万円×二人

トータルで二五〇〇万円、とこんな感じでした。

僕は自営業の家に育ったこともあって、商売でする借金に抵抗や怖さはあまりありません。商売に借金はつきものですし、むしろプレッシャーがあったほうがうまくいくと思っています。うまくいかないとまずいことになりますが、よほどヘマをしなければ、借りたお金は必ず返せますし、うまくいけばそれ以上のお金はすぐにでも稼ぐことができると思います。

僕にとっては住宅ローンを組むほうがよっぽど抵抗があります。その理由はローンの期間が長いことです。たいていは三十五年もありますし。僕ら商売人にとって今の稼ぎが十年後、ましてや二十年後も保証されることはありません。もし、それを望むならいつまでも今の売り上げをキープする必要があるし、ある程度はお店を増やし続けていく必要があります。商売で稼ぎ続けていくためには、同時に国に多くの税金を納めて、いつまでもお金を稼がなければならないということなのです。

当然スタッフも一緒に年をとっていきますし、自分の家族も増えていくので出費は必ず増えていきます。自分たちの生活費を節約してできるだけ浪費を控えていく必要もあるので、ローンはできる限り短い設定がいいと僕は思います。商売の借金は長くても七〜十年でしか借り入れできないので、今までやってきたことを堅実に七年間やれば返し終わります。その後の経営は、今までの借金分の返済がなくなるので、納める税金が増えたとしても、売り上げをキープできれば、とても楽になるはずなのです。

開業資金の集め方はさまざま。何度も言うようですが、もし頼りになる優秀な身内がいるのであれば「お願いします」と頭を下げて頼むのが一番です。贅沢をするためにお金を借りるわけじゃないので、自信を持ってお金を借りてみてください。熱意を持ってお願いすれば必ずどうにかなると僕は信じています。

いい雰囲気で二軒目を考える

〝売り上げ〟や
資金繰りだけで
考えてはいけない。
働く人と一緒に考える
二軒目のタイミング

オープン当時二十八歳だった僕は、今年で三十九歳になりました。二十代から三十代の約十年間は、自分の考え方や仕事や生活の環境が劇的に変わる時期だと思います。それは、うちのスタッフたちも一緒です。お店に入った時は社会人一年生だったけれど、同じお店に十年間も勤めていれば、もう充分一人前です。うちのように小さな個人店の場合は、古株のスタッフは新人たちに押し出される感もあり、かなりプレッシャーなのではないかと思います。

独立していったスタッフもたくさんいますが、オープン四、五年目から働きはじめたスタッフたちはみんな長く働いています。これはとてもいいことなのですが、大きな問題があります。それは、まだ若くて駆け出しのスタッフなら、多少、給料が安くてもなんとか一人で暮らしていけますが、結婚や出産となれば、家族が増えますし、その分の給料も上げていかなければいけません。飲食業ははじめから給料がいいわけではないし、実力給なので技術を身につけて昇級するまでに時間がかかります。

僕がイタリアで最初に働いたレストランも、ただ働き同然でした。もちろん当然だと思っていました。とはいえ、ここは日本です。しかも物価の高い東京です。一人暮らしでも普通の部屋を借りようとしたら一か月の家賃で六～七万円はします。生活費も含めると、最低一四～一五万円くらいは必要でしょう。この金額はスタートとしてはいいのですが、年数とともに昇級させなければなりません。

給料の額がすべてではないけれど、そこもとても大切だということをわかっているつもりなので、仕事の量や技術に見合った給料設定は必要だと思います。

正直なところ、うちはそんなに割のいい儲けはないし、利益のいい商売でもありません。だからこそ店舗が一軒では、今いるスタッフたちを支えていけるのも時間の問題だと思ったのです。その瞬間に、このスタッフたちとともにずっと長く働くことは難しい、ということにも気づいたのです。

息子が生まれ、家族が増えたことがきっかけに自分の将来のことも気になりはじめた頃でした。その問題を解決するためにも「もう一軒出そう」と決心したのです。今の売り上げだけでは限界があるし、かといって商売先行型のお店に共感を持つことはできない……。そんな複雑な気持ちから、新店舗のお店づくりをスタートしました。

「お店やスタッフが増えることで自分のやりたいことができなくなるんじゃないか……」

「自分の意志がみんなに届きにくくなるんじゃないか……」

はじまりはどうであっても、お店づくりはＬＩＦＥをオープンしたときと同じように、一切ぶれることなく進めていかなくては、人の集まる、皆から愛されるお店にはなりません。お金稼ぎを優先する商売先行型のお店にならないようにすることは、僕らが店づくりをするにあたって最も気をつけてきたことでした。

働いてくれるスタッフたちにも、しっかりすべてを包み隠さずに会社の内情や自分の気持ちをていねいに説明しました。みんな同意のうえで計画を立て、進めていくことが重要だし、決して一人よがりのお店にならないように時間をかけてゆっくりお店はつくっていくものなのです。

時期は自然に熟する。
二軒目が
具体的になるまでの
四年の月日

無理をせず
タイミングを
みること

E LIFEはどうやってできたか

LIFEオープン当初は、まさか自分がさらにもう一軒のお店をはじめるだなんて想像もしていませんでした。そんなことまで考える余裕がなかったのです。それにむやみにお店を増やすものではないと思ってもいました。ましてや同じエリアになんて……。

はじめの三年目くらいまでは売り上げもなかなか安定せず、正直かなり手こずっていました。それがあるときから、昼夜いつでも満席が続くようになったのです。だいたい四年目に入っての頃だったと思います。お客さんに来てもらうためにいろいろと試行錯誤した結果でした。DIYで内装を変えたり、お店のメニューやレイアウトに少しずつ手を入れたり、サービスメニューのハガキを出したり、知り合いのアーティストにお願いしてライブを開催したり、さまざまなことをやりました。夢中でそういう日々を過ごした後、ふと気づいたときにはいつも満席という状態になっていたのです。

それはお店の第一安定期でした。その状態は一年間ほど続きました。お店はいつも混んでいる状況が一度出来上がると次から次へと予約が入るし、毎日大忙しです。お客さんは、自分が行ったときにいつもいっぱいだと「よいお店だし、おいしい」と感じられ、安心できるのではないかと思います。しかも入るのに予約が必要となれば、お店に入れること自体がラッキーなことに思えて、得をした気分になります。こうしてお店にとっていい循環が続くのです。

ここで重要なのは、その状態をいつまで続けさせられるか、です。当初の席数は三十八席だったのですが、あまりに混んでいる状態が続いたので、その後四十六席に増やしました。が、それにもかかわらず、すぐにいっぱいという状態が毎日続いたのです。満席が続くようになったら、リピーターをいかに増やすかが大切です。お店に来る動機やアクセスに問題はないと思ったので、あとはお客さんの気持ちを離さないということが重要になってきます。それはお客さんとスタッフのよい距離感だったり、味の安定感、そして食べ終わって支払いをするときまでのトータルの満足度などだと思いました。「また来たい」、「誰かを連れてきたい」そう思ってもらえたら必ずリピートしてくれる、そう信じました。それに向けてスタッフ一丸となってさらなるサービス向上へ向けて、日々、ていねいに今までやってきたことを続けました。そうやってLIFEは街の食堂的存在として認識してもらえるようになったように思います。

そんな毎日毎日忙しいお店で働くスタッフたちは、いずれは自分もお店をやりたい、と夢を持ち、お店のドアを叩いてくれたわけですから、すべての仕事を吸収しようと真剣です。僕自身も飲食という仕事をはじめた頃は、自分のお店を開くという夢を持っていたので、スタッフの行動や言動をみれば本当に独立をしたいのか、したくないのかは一目でわかります。当然の動機だし、それを応援したいと思ってやってきました。

五年目にさしかかろうとしていた頃、オープン時からいた四人のスタッフたちがそれぞれ順番に独立していきました。飲食業は一つの店で四～五年の経験を積めば次のお店に移るか、独立して自分でお店をやるかのどちらかです。皆がいなくなった後、新しく店長を任せていたスタッフも「僕もいつか先輩たちのように自分のお店を持ちたい」という思いを持っているのを僕はよく知っていました。一方僕も、たとえ僕が二軒目のお店をやりたいと思っていても、やる気のあるスタッフたちがいなければ、その思いは叶わないし、もちろんお店はオープンさせることはできないと実感しはじめていました。ならばこのスタッフたちと一緒にやったほうがいいんじゃないか、スタッフたちへの感謝の気持ちと同時に、今いる、このスタッフたちの夢を叶えたいと、思ったのです。また、そうすることでスタッフが辞めないで、長く働ける環境をつくれるとも考えたのです。

お店が二軒になると、必ず片方の店舗は誰かに任せることになります。そこで必要なのは、一店舗全部を任せられるだけのスタッフと、信頼関係です。信頼関係がなければ、スタッフとの関係もすぐに壊れてしまうし、当然お店はうまくいきません。

その後、スタッフたちと時間ができれば新しいお店をつくる話をし、一か月に一回は必ず新店舗のミーティングをしました。どんなお店にしたいか？　何のためにお店をやりたいか？

どんな街でお店をやりたいか？　など、スタッフ自身のお店に対しての思いや考え方をよく聞いていました。お店のことはもちろんですが、スタッフ自身の今後の人生観や夢などにも興味を持ち、お互いの価値観の共有作業がはじまったのです。

僕らはサービス業なので、人により興味を持ち、会話を楽しみながら働くことが必要です。今、来ているお客さんに何をどう喜んでもらえるか？　どうしたら満足してもらえるか？　それを、当然ですが常に考え、意識しています。その思いがお客さんに通じ伝わったとき、はじめて喜んでくれると信じています。そしてお店にも通うようになってくれるのです。こういったいい関係が築けるようになってくれれば、お客さんは味方になってくれて〝いいお店〟と口コミしてくれるのだと思います。スタッフと一緒にミーティングを持つようになり、自分もようやくそんなことを考えられるようになりました。同時にお店の経済状況もまずまずでしたが、LIFE同様、どんなお店にするかはとても悩みました。ただ今度はスタッフが自分の味方でいてくれるというのが何よりの強みでした。

当たり前ですが、とにかく一度物件の場所が決まってしまったら、移動するわけにも辞めるわけにもいかないから今度も慎重に考えました。いろいろな地域の物件をリサーチし、居抜き店舗のサイトを見たり、行ったことのないエリアの品川区や神奈川県の鎌倉のほうにも足を延ばしてみました。今のお店とのよい関係性を保てる場所はどこだろう？　気持ちのいい場所はどこだろう？　でも、それに見合う物件や立地にはなかなか出合うことができませんでした。決して焦ってはいませんでしたが、物件の情報はいつも気にしてチェックしていました。

同時に働くスタッフも決まっていなかったので、いつも知り合いに声をかけていました。

こんなスローな物件探しやコンセプトづくりで、すぐに一、二年は経ってしまいましたが、妥協だけはしたくなかったので、いい情報がネットや不動産屋から入れば、必ずみにいって話をして情報収集し続けていました。そしてようやく、物件を探しはじめて三年が経つ頃、一緒にやってくれるスタッフがＬＩＦＥの店長づてにみつかったのです。一人はコックさんで、もう一人はお菓子づくりのパティシエでした。

そしていよいよ物件に出合うのです。それは僕が日課のジョギングをしていたときでした。公園を抜けて帰りの道の途中に出てきたとき。「テナント募集」そして「飲食可」の旗が目に入ってきたのです。そこは今、ＬＩＦＥがある代々木八幡の隣駅の小田急線、参宮橋駅から徒歩二分、すぐの場所でした。

いい物件が出ていても飲食の営業が許可されている確率はそれほど高くないので、「飲食可」という文字が記されていただけでテンションが上がって、とにかく嬉しくてドキドキしました。ちょっとのぞくと、テラススペースは充分にある！　シャッターが閉まっていたのでなかまで詳しくわからなかったけれど、入り口になるだろう間口も充分に広くて、物件として最高だという印象でした。

さっそく家に携帯を取りに帰って、その物件に戻り、テナント募集の旗に書いてある電話番号に問い合わせてみたところ、想像していた通り、とてもいい条件でした。不動産屋さんによると以前も飲食店で、重飲食可（重飲食とは焼き肉屋さんやラーメン屋さんのように油汚れなどが多く出る飲食のこと。飲食可でも重飲食は不可という物件もある）だし、坪単価も一万八〇〇〇円くらいでした。フリーレントも二か月付き（フリーレントとは店舗をやる上で準備期間は家賃が発生しないこと。通常二か月間、場合によっては三か月間ということも）、このエリアの物件にしては相場より少し安めでした。ただし店内面積は四〇坪。これに加えてテラススペース一〇坪を合わせると全面積五〇坪で、この街の規模で考えると一軒のお店として経営するには、かなり大きい物件だと思いました。

さらに、新築三年目の物件でその間に二回、お店が入れ替わっていて、話の印象からしても個人でやる一店舗のお店にしては広すぎるということがわかりました。この広さを埋めるだけの集客が困難なことはもちろんだし、利益を出して採算をとるのがとても難しいのではないかと思いましたが、今までにはない立地のよさと物件の広さは、僕の気持ちを動かしました。それくらい、ここは今まで見てきたものに比べ、飛び抜けていい物件だったのです。

この大きな物件で、どうしてもお店をオープンさせたい、それにはどうすればいいのか考えたすえ、共同でお店をやってくれる、つまりシェアしてくれる人を探そうと思い立ちました。

そこで、以前から親しくしていたＬＩＦＥのすぐ近くのパン屋さん『天然酵母ル・ヴァン』で店長をしていた樽井さん（現在『TARUI BAKARY』の店主・樽井勇人さん）を誘ってみたのです。樽井さんは少し前からそろそろ独立を、と考えていたらしく、突然の僕の誘いにもかかわらず、予想以上に前向きな返事をくれました。

お店をオープンするうえでのメンバーが揃ったのです、すべてのタイミングと条件が一致した、そう思えた瞬間でした。今だ、来た！　この条件ならこの街でも、この大きい物件でも大丈夫だと感じました。

数日後、樽井さんから正式に「一緒にやります」と、返事をいただきました。二軒目のお店の開店準備がスタートしました。この言葉を聞いて、本当の意味で、二軒目をはじめることを決意できたのだと思います。僕が二軒目というものを意識しはじめて、約四年の歳月がたっていました。

POST CARD

一年に一回、新年に向けて作成するポストカード。僕が出かけた場所の写真やLIFEで写真展をやっていただいた方の写真を使い、つくっています。

KINGS OF CONVENIENCE
QUIET IS THE NEW LOUD

ADHITIA SOFYAN
QUIET DOWN

AMOS LEE

MOONLIGHT SERENADE
OF HEAVENLY ISLANDS

JACK JHONSON
ON AND ON

NEW FOUND LAND

ADAM DUNNING
SUNSET MONKEYS

BENNY SINGS
BENNY... AT HOME

JOHAN CHRISTHER
SCHÜTZ
C'EST LA VIE

MUSIC

お店でも、
自宅のリビングでも聴く
僕の好きな音楽

TOOL #3

【STAUB】
美食と名高い、フランス・アルザス地方でフランシス・ストウブ氏が創立したSTAUB社の鍋。特徴はふたの裏についているピコと呼ばれる突起。鍋中で調理中の素材から出た蒸気がこの突起をつたい、素材に落ちていくことで、素材のうまみと水分を逃すことなくふっくら仕上げるのだとか。高温のオーブンにも対応可能なのでLIFEでは野菜のオーブン焼きやチキンと野菜のスープといった料理をつくるときにも重宝しています。なんとも頼りがいのあるタフな鍋なんです。

第二章

LIFEのおいしさの秘密

山育ちの僕は
どうしても魚料理が苦手。
店の味の方向は
素直な気持ちで決めました

うちの イタリアンは 肉が中心

E LIFEのおいしさの秘密

僕は、食べ物の好き嫌いは一切ありませんが、東京に出て来るまでは魚よりは肉派でした。魚が嫌いなわけではありませんでしたが、三十歳過ぎになるまで刺身や寿司といった生魚がどうしてもおいしいと思えなかったのです。理由は、海なし県で育ったこと。おいしいお刺身に出合った記憶がなかったし、刺身や寿司は苦手だったというよりは、食わず嫌いだったのです。

僕が育った栃木県やその隣の群馬県は、海がないので漁港はもちろんありませんし、鮮魚というよりは、山菜やキノコや田舎野菜の長ねぎや玉ねぎなどが豊富な土地柄です。幼い頃に食べたちらし寿司といえば魚が少しで、その代わりに山菜が入ったものでした。刺身は、スーパーで売っているパックに入った真っ赤なマグロの刺身が主でした。そのパックに入った真っ赤なマグロを食べるときの、舌にざらっとくる食感が僕はどうも苦手でした。

地元の料理といえば、小麦粉を使った、うどん、すいとん、そば、豚汁など。だから、本当においしい鮮魚に出合うことがなかったのだと思います。

イタリアにいたときも、僕が住んでいたトスカーナは海の幸というより、山の幸が多い地方でした。魚料理に縁がなかったことは、僕にとってはなんのストレスにもなりませんでした。フィレンツェには、「ビステッカ・アッラ・フィオレンティーナ」という有名なTボーンステーキグリルがありますが、メインはステーキグリル、冬はトリッパ（内臓）や肉の煮込み料理がメニューに登場することがとても多く、山のもので育った僕も好んで食べていました。

南イタリア（ナポリなど）は、魚料理がメインです。修業中に南イタリアを旅行し、レストランの食べ歩きをしましたが、僕には、生魚を使うカルパッチョの、鼻につく生臭さがどうも苦手でした。

おいしい鮮魚に出合ったのは、イタリアから帰国後に出かけた東京の築地で、です。カウンターで食べる寿司や刺身は本当においしくて人生で初めて魚に感動しました。東京には魚介を使った南イタリア料理のお店がたくさんありますし、アクアパッツァやカルパッチョなどイタリアンは魚料理のイメージもとても強く、それを売りにもしているレストランがすでに多数ありました。オープン当時は魚料理も出してみようと努力してみましたが、どうにも納得できる味になりません。やはり、海育ちで昔から魚好きなシェフたちにはかなわない。そこでＬＩＦＥは肉料理で勝負しようと決めたのです。

メニューを考える

本格的な
イタリアンだけれど、
ちょっとだけ和を感じる
オリジナルの一皿

僕たちが考えるメニューは、日本ではあまり見ることのないイタリアの食材を使った突拍子もないものより、日本の食材を積極的に生かしたイタリアンを常に頭に置いています。例えば、しそとバジル、竹の子とアーティーチョークというように、口に入れたときの味わいや香りや食感が似ているものを使い、イタリアンのなかに少し和を感じる味に仕上げます。だからといってイタリアンというイメージを裏切ることのないメニューにしようと考えています。自分でいうのもなんですが、そのさじ加減は本当に絶妙なんです。

例えばうちで人気の〈柚子胡椒のカルボナーラ〉p109もそんなメニューの一つ。ふつうのたっぷりチーズが入るカルボナーラに比べ、このカルボナーラはチーズを加えないのであっさり。さらに柚子が入ることで柑橘系の香りが効き、さわやかな印象に仕上がるのです。

トマトソースは普通イタリアではバジルで香りをつけるのですが、ローズマリーというハーブを加えることで、生姜のような少しスパイシーな印象の味わいになりますp108。

それともう一つ意識していることは、料理でもお客さんをよい意味で裏切ることです。カジュアルでカフェのような内装のお店にもかかわらず、トリッパのトマト煮（ハチノスのトマト煮込み）やオッソブッコ（牛すねの煮込み、どちらも日本ならモツ煮込みのような料理）のようなディープなイタリアの家庭料理を出したら意外性があっておもしろいかも？　なんてことも考えています。

実家の総菜屋を手伝っていたときもイタリアで修業したときも、それぞれの定番メニューを担当していたこともあって、僕は定番メニューの基礎を崩したくないという思いを持っています。だから新しい食材の組み合わせや新種の素材からメニューを考えることはしません。もともとある伝統的なメニューをベースに、僕はメニューづくりをしてきました。素材を少し変えたり、加えたりはしますが、どちらかというと定番のメニューをほんの少しだけ変え、よりおいしいものにするため、少しだけ印象を変える程度で考えていきます。

ラーメン屋さんに喩えれば、LIFEは醬油ラーメンを当たり前においしくつくることをめざしているといえます。それはとても大切なことだと思っていますし、想像以上に難しいことだとわかってもいます。ですが、お客さんの期待を裏切らない、「想像できる」味を生み出すことに賭けているのです。「想像できる味」とは、〝醬油ラーメンのだし〟といえば、こういう味ね、とわかるということ。DNAにしみついているような、深い風味と味わいのようなことです。口の中に入れないとわからない味にはしないということです。

多くの料理のベースになるトマトソース一つとっても、うちの味には少し特徴があります。酸味の強いトマトソースに、少し和風の甘辛を感じてもらうため、玉ねぎやにんじんをたっぷり使います。さらに砂糖も少し加えて、ほんのり甘味を出すようにしたり、さらさらの水っぽいソースにならないよう、煮詰めて強くとろみ感を出したりしています。そうすることで、パスタによくからむのです。

これらのレシピでとても重要なのが、スタッフ皆がつくれるように複雑なことを一切しないということ。決して一人よがりのメニューにならないように心がけています。

僕にとっての一人よがりのメニューとは、たくさんの素材や珍しい素材を使うこと、高い技術を必要とする複雑なレシピのことです。自分にしかつくれない料理は考えません。もともとイタリアンは素材を活かす料理ですし、ＬＩＦＥではキッチンスタッフのみんなが簡単でおいしい料理がつくれるよう、常にメニューを考えています。レシピを複雑にしないこと、工程を短くすること、珍しい食材の使用は控えるなどといったことを意識しています。イタリアンをベースに、素材をそのまま味わうということを常に頭に置いています。それが安定した味をお客さんに提供していくことにつながっていくのです。

パスタの横の惣菜

毎日食べてもらうなら
日本人に
お馴染みのものを。
父のアイデアで生まれた
ランチプレート

少しＬＩＦＥ定番のランチプレートの話をします。

ＬＩＦＥの平日のランチは、四種類です。季節によって少し内容が変わることもありますが、基本的にはこんな感じです。

一つ目はパスタランチ、二つ目はご飯とおかずのライスランチ、三つ目はスープとバケットパンのスープランチ、四つ目はサンドウィッチやオープンサンドのパニーノランチ。この四種類が毎日、日替りになります。それが大きなお皿のワンプレートに、サラダと和総菜、洋総菜とともに盛り合わせてあるスタイルです。ランチプレートにのっている、今では人気の和総菜と洋総菜なのですが、実はこの惣菜、僕のアイデアではないのです。

今では毎日当たり前に出しているＬＩＦＥの総菜ですが、オープン当初はイタリアの前菜には欠かせない生ハムやサラミを添えていました。その頃、父は僕のお店の状況が気になるようで、よくのぞきに来てくれていました。そういうときは父もランチを食べていくのですが、当時ランチプレートに盛り合わせていた生ハムやサラミの味が少し濃いと気になっていたようなのです。何度かランチを食べに来たある日のこと、食べ終わった後、こう言い残し、帰って行ったのです。

「塩辛い味に、さらに塩辛い生ハムやサラミを合わせていると胃が疲れる」

父の言うことを僕はすぐに理解しました。イタリアでは前菜に生ハムは一般的でしたが、やはり食文化の違いがあるのです。父は決して文句を言ったつもりではなかったと思いますが、なんとその数日後、「これを出せ」と実家の和総菜のひじきの煮物や甘い煮豆が送られてきたのです。正直僕らは戸惑いましたが、弟とも相談し、とりあえず父の言う通り、ワンプレートランチの横に盛り合わせてみたのが今のＬＩＦＥの定番ランチのはじまりでした。

それがお客さんにはよかったようなのです。とくに年配のお客さん方には「和総菜はほっとするね」と声をかけてもらったり、とてもよい評判をいただいたのです。お客さんたちにありがたい意見を言ってもらえたことは、とても大きかったのですが、このことは僕には正直、意外でした。そしてジャンルは違っていても、飲食業のベテランである父の考えにはまだまだかなわないと思いました。

単純なもので、和総菜を添えるようになったことを、いつもお客さまにほめられていたら、だんだんと僕らにも、それがマッチするように思えてきました。和総菜はもともと日本人の口にはなじみ深いものですから、自然なことだったのかもしれません。長い間食べ続け、なじんできた味に勝るものはないのです。毎日食べるには最適なんだと納得しました。

しかも肝心のパスタより、総菜の方に関心がいくようで、お客さんにはますます「今日の和総菜、おいしかったー！」と言われるようになりました。

実家はもともと地元栃木県で二軒の総菜屋を営んでいたのですが、不景気の影響もあって閉店しかかっていました。それと引き換えのように、ＬＩＦＥがちょうど軌道にのりはじめていたときだったので、僕は父たちのつくる総菜をこのプレートに残そうと考えたのです。これが

ＬＩＦＥの、おかしなランチプレートのはじまりです。

その後、総菜のバリエーションを増やしてもらい、今ではライスランチのおかずのコロッケやハンバーグなども、すべて実家の手づくりになりました。それが毎日送られてくるのです。父の切り盛りする総菜屋さんが僕らＬＩＦＥのセントラルキッチンです。うちがすべてのメニューを日替りにできるのは、この強い味方がいるからこそ。そしてこのバリエーションの幅の広さがランチの人気を支えています。


そもそも実家の総菜屋は、弁当屋さんのようなお店をやっていました。自分で自由におかずやおにぎりを選べるお店です。当時、栃木にはそんな総菜屋はなかったので、大人気でした。全盛期には店舗を二つに増やし、毎日休まず、フル回転で営業していました。お弁当もやっていました。なかでも、〝のりから弁当〟という、昆布と海苔がしいてあるご飯の上に、直接大きい唐揚げ二つと長いちくわの磯辺揚げがのっているものが大人気でした。そのボリュームで、二四〇円という安さもよかったのかもしれません。

おかずならば、人気は鶏のから揚げでした。一般的な鶏のから揚げはニンニク、生姜、醤油、みりんを合わせた漬けだれに、一口大に切った鶏肉を漬け、小麦粉をまぶして油で揚げます。

ですが、うちのから揚げは、醤油、砂糖、おろしニンニクはほんの少しにし、おろし生姜を多めに加えているのです。これは食べた後、ニンニク臭くならないように、という心遣いです。一ピースも通常のものよりやや大きめでした。小麦粉でなく、片栗粉をまぶしているのも特徴の一つです。出来上がりのみた目と味は、竜田揚げ。だから少し贅沢な鶏のから揚げになるのです。みりんではなく砂糖を加えるので、揚げたとき黒焦げになりません。母がよく言っていました。普通の鶏のから揚げは、みた目はやや濃い茶色だけど、うちのから揚げの仕上がりは、白っぽい衣で覆われた、から揚げと竜田揚げの中間だと。肉を大きくカットしているので、食べるとかなりジューシーでした。しかも、から揚げにぴったりなタルタルソースが、プラス三〇円で追加できたのです。そんな〝から揚げ弁当タルタルソース付き〟がうちの最強のお弁当でした。

その他に、学校弁当、運動会のお弁当なども仕出ししていました。そのおかげで僕は「お前んちの弁当、うまいよね」、「あの弁当屋の息子か」と、よく言われていました。食いしん坊で育ちざかりの僕と弟にとってこのお弁当は最高のごちそうでした。

脱サラではじめた総菜屋のおかげで父は、四十歳のときにマイホームを建てることができました。店をはじめてから、約十年が経とうとしたときでした。僕たち兄弟はよくふざけて〝から揚げ御殿〟と呼んでいましたが、爆発的なから揚げ人気のおかげで僕も弟もイタリアに留学することができたし、今のＬＩＦＥもあるのです。本当に感謝しています。

今、自分も父親が家を建てたときと同じ歳を迎えつつあり、あらためて商売の難しさを感じています。父のおせっかいからはじまった、今では人気のランチプレートの話、でした。

常識のわくを取りはずして
考えることも必要。
人気メニューを
支えているのは
ファミリーパワー

最初は
なかった
ピザメニュー

今ではお店にとってなくてはならない人気のピザメニューは、オープン当初はなかったメニューです。僕はイタリアでピザづくりの勉強をしてきたわけではないので、そもそもピザを出すつもりではなかったのです。もちろん僕はピザを食べることは大好きで、おいしいピザ屋さんの噂を聞けば今でも食べに行きますし、イタリアに住んでいた頃も、夜、仕事終わりに仲間と一緒にビールとピザでよく乾杯をしていました。イタリアではレストランやトラットリアに比べるとピッツェリアは夜遅くまで営業しているところが多く、夜のすきっ腹にもちょうどいいので、食いしん坊の僕の夜食にもってこいだったのです。

イタリア修業時代にピッツェリアで働いた経験はありましたが、ピザ職人はピッツァイオーロといって、コックとは別の職種になります。ピザを焼くには薪窯が一般なので、火の起こし方はもちろん、窯の温度管理や他にもあれこれ、覚えることがたくさんありました。パティシエとコックが別であるように、ピッツァイオーロとコックという職業とは立ち位置がまったく違うのです。しかもそのときは、まさか自分のお店でピザを出すだなんてことは想像もしていませんでした。ところが偶然にも当時、ピッツェリアでコックをしていたとき、お店が忙しくなってくるとピッツァイオーロ一人ではオーダーに間に合わなくなるので、見習いの僕が補助として手伝っていたのです。すぐ横でピザをつくっている様子をみてもいました。とはいうものの、生地やソースづくりまで勉強していたわけではなかったので、ピザ職人というまでには至りませんでした。

ただ、ピザ職人がピザをつくっている姿を毎日みてはいたので、ＬＩＦＥでお客さんにピザを頼まれたときは、フォカッチャのレシピで簡単なピザらしきものをつくって出してはいました。それはそれでおいしくできるのですが、やはり毎日のメニューに出せるほどのピザにはほど遠いものだったと思います。生地の管理やオーブンの温度調整もそうですが、商品化するのであればちゃんとしたレシピとスタッフ用のマニュアルが必要ですし、発酵の時間も季節によって変化するので生地の管理は難しいと思い、もう少し勉強が必要だと思っていました。

ある時、一人の日本人のコック仲間がイタリアの本場ナポリでピザの修業を終え、レストラン&ピザ屋をオープンしたのです。そのオープン祝いも兼ね、お店に食事に行ったとき、思い切ってその仲間のコックにレシピを訊いたところ、すんなり教えてくれたのです。なんと生地の粉の分量レシピや生地の管理、使っている粉のメーカーに至るまで。さっそくお店に戻り、同じ粉でつくってみたところ、とてもおいしくできたのです。その後、スタッフとともに、何度も試作と試食を繰り返し、知り合いが来たら試食してもらい、お店でピザを出す準備をしはじめました。

仲間がお店でピザを焼くために使っていたものと同じ道具も、浅草の合羽橋商店街で買い揃え、いよいよメニューに載せるところまでたどり着いたのです。

以前からお客さんに「ピザはやってないんですか」とか「ピザもやってください」などの声をもらっていたこともあり、出だしはなかなか。すぐに評判となりました。はじめは五種類の少ないメニューでスタートしましたが、結構な人気となったので、徐々に種類も増やし、新しいメニューを加え、今では全部で十種類になりました。

イタリアではリストランテ、トラットリア、オステリア、ピッツェリアといってすべて別の扱いなのですが、日本のカジュアルなイタリアンでは、やはりピザもないと駄目なのが現状でした。また、お客さんの立場からすると、メニューは多いに越したことがないのでしょうし、うちのようなカジュアルイタリアンでは、メインが充実しているより、ワインに合うおつまみ的な前菜や、みんなでシェアして食べられるピザがあったほうがお客さんにとってはいいようでした。

とはいえ、ピザをはじめるにあたって一つ問題がありました。それは機械ではなく自分たちの手で生地を練っていたので、一日につくれる数に限界があったことです。毎日限定七枚でスタートしましたが、すぐに完売していました。

「もう少し生地がつくれるといいなぁ、あれば売れるのに」

どうにかしてピザをちゃんと出したいと思い、父親に相談したところ、父は、友人に以前うどん屋をやっていた人がいると言い、使っていないうどんこね機を引き取ってきました。さっそく父は、そのうどんこね機でピザ生地をつくってみると言いはじめたのです。父は「一緒、一緒、まったく問題ない」と言い、ピザ生地のつくり方とレシピを、ＬＩＦＥまで見に来て箇単にメモ書きし、帰っていきました。父にとっては本当にうどんこね機もピザ生地こね機もまったく違わない物だったようです。

数日後、和総菜のときと同様にＬＩＦＥにピザ生地が届きました。父のつくったピザ生地でさっそくピザを焼いてみたところ、出来上がりは僕たちが手で練った生地と一切変わりありませんでした。見事なものでした。

しかも都合のいいことにクール宅急便で一日かけて、届くことでゆっくり二次発酵するので、お店で出すときの生地の状態が絶妙なのです。おかげで今までよりたくさんのピザを出せるようになり、たちまちＬＩＦＥのピザメニューが安定して出せるようになりました。

ピザ生地のレシピは友達から、それをつくるのは父で、お店で売るのは僕らです。

総菜を送って来たときのように実家からのピザ生地発送がスタートしました。なんでも常識や格好を気にしていては駄目です、いろんな人に助けてもらって、なんとかなるもんだと、このときもまた思わされました。そんなＬＩＦＥの人気ピザメニューのはじまりでした。

母は料理好きだった

僕の食の基礎は、
料理することと
食べさせることが
大好きだった
母ゆずり

少し昔の話になりますが、僕の母方の祖父はプロ野球選手でした。戦前の話で、球団は「名古屋金鯱軍」と言って、現在の中日ドラゴンズになります。インターネットのウィキペディアでも出てくるし、後楽園のプロ野球博物館にも祖父の写真があります。小さい頃に母に連れられて、プロ野球博物館に飾ってある、祖父のユニホーム姿の写真をみに行ったこともありました。プロ野球引退後も地元の地域の野球会長をやったり、冬には長野でスキーのインストラクターをやったり、と幅広く活躍していたそうです。

そんな祖父に育てられた僕の母は「おじいちゃんは、とてもしつけが厳しかったのよ」とよく言っていました。そう言われてみると、幼いときの僕の記憶も、祖父はすぐに怒鳴るといったイメージだったように思います。しかも祖父は大柄だったので迫力がありました。

母は栃木県の高校を卒業後、東京・新宿の文化服装学園という服飾学校に通っていましたが、いけ花教室やお料理教室などで花嫁修業もしていたそうです。母親の時代はそれが普通だったのかもしれませんが、料理はもちろん、僕たちの着る服もよく手づくりしてくれました。そのいけ花教室へ、花を運ぶアルバイトをしていたのが父で、母と父はそこで出合って結婚したのです。

母の得意の料理は洋食でした。ナスのグラタンやカニクリームコロッケ、ビーフシチューなどからデザートに至るまで、すべて必ず手づくりでした。体にいいからと、母の手づくり野菜ジュースも毎日飲んでいました。だから、僕の家では炭酸飲料のコーラやアイスなどは一切禁止でした。父からは「コーラは体に悪いし、骨が溶ける」、「飲むと下痢をする飲み物なんだ」と、言い聞かされて育ちました。

そんなウソを言い聞かされていた僕は、小学生になって友人がコーラを飲む姿を不思議に思い、物心がついた頃、親に内緒で隠れてコーラを買って飲んでみたのです。ところが見事に、本当に下痢をしてしまいました。僕はその時、本気で一生コーラは飲まないと決めたのです。きっと冷たかったのでお腹を急に冷やしたことが原因だったと思うし、単に僕の思い込みもあったのでしょう。おかげでいまだにコーラはほとんど飲みません。飲むとしても体調がいいときにしか飲めないのです。そんなわけで、ＬＩＦＥにコーラは置いていません。

僕らが小さい頃、両親はいつも自分たちの友人を家に呼んでは食事会をしていました。そこで母の手料理を食べると、皆、必ず絶賛し、「この味なら、お店を出せるよ」なんてお世辞を言っていました。そんな誉め言葉に、母はとても喜んでいたことを子供心に覚えています。母のつくる手料理は、僕たち家族にとっても自慢でした。

僕が九歳で弟が四歳のときのこと、母は子育てがいったん落ち着いたからと、突然小さな総菜屋さんをやりはじめたのです。母が惣菜のお店をやる準備をしていたことは僕たちも小さいながらに気づいていましたが、お店をやった経験もなかったので、どんなことになるんだろう……？　と思っていました。そんな心配をよそに、母の料理はとても評判がよく、すぐにお客さんもどんどん増えていき、小さな小さな惣菜屋は、あっという間に拡大改装することになりました。

隣の空いていたスペースを改装してお店を拡大した、そのとき、なんと父は勤めていた仕事を辞め、母と一緒に惣菜屋をやりはじめたのです。小さな家族経営のスタートでした。僕が十五歳のときのことです。

お惣菜屋さんをはじめてから六年後には店舗数も二軒に増え、多いときで十五人もの従業員がいました。そんな母の料理の影響が僕の食につながるすべての根底になっています。まさにイタリアでいう〝マンマの味〟です。

食べることが大好きだった父もその後さらに料理にのめり込み、お店の定休日には家族で東京のフードイベント（今だと東京フードショー、東京ビックサイトで行われる食べ物の新商品や新しい厨房機器の展示会）に出かけ、いつも新しいメニューを考えながら商売を続けてきました。

学校が休みのときは、フードイベントに行くついでに、家族みんなで東京観光も兼ねて仕事もするという口実で、ホテルを予約して泊まりで出かけたりもしました。それは僕と弟にとっては楽しい家族旅行でした。当時のフードイベントの会場では、料理が好きなだけ試食ができるので、幼い弟は食べ過ぎて、会場の出口で食べたものをもどしたこともあったり……(苦笑)。そんな苦い思い出もあります。

親が商売をはじめてからはこんなふうによく東京へ家族で出かけ、百貨店や駅のデパ地下に行っては総菜屋さんエリアを観察して、お昼ごはん用に惣菜を買い、百貨店の屋上の休憩広場で家族で食べていました。きっとおかしな風景だったと思いますが、僕たちにとっては楽しいひとときでした。

こんな僕の家庭環境と、実家の惣菜屋の味付けがLIFEの味のベースになっています。味付けの特徴は甘辛味がベース。しょうゆ、酒、みりん、砂糖といった、和食の基本の味付け。みたらし団子の味を想像してもらうといいと思います。僕が大好きでたまらない、懐かしい味わいです。和食は煮物やあえ物に砂糖やみりんを入れますが、イタリア料理は砂糖をあまり使わないうえ、トスカーナ地方の料理は特に味が濃いこともあり、正直、僕には少し抵抗がありました。帰国後は、自分の好きな味にしていくうえでとくに意識したつもりはなかったのですが、隠し味として徐々に砂糖を入れるようになり、今ではそのわずかな甘さが懐かしい味わいを感じるＬＩＦＥの味の特徴にもなっているのだと思います。日本の味とイタリアの味が混ざり合った、日本人になじみやすい味、これがＬＩＦＥの味です。

■トマトとしそのトマトソース

材料　1人分
【ソース】
トマト1個
ニンニク　1/2片
しその葉　5枚
ごま　少々
EXバージンオリーブオイル
大さじ2
塩、砂糖　各少々
パスタ　80g

作り方
1　トマトはヘタを取り除き、小指の爪程の大きさに切る。ニンニクは芯を取り除き、みじん切りにする。しその葉は軸を落とし、細切りにする。
2　フライパンにEXバージンオリーブオイルと**1**のニンニクを入れ、火にかける。いい香りがしてきつね色になるまでゆっくりと中火で炒める。
3　**2**に**1**のトマトとしその葉2枚分を加え、ややとろみがつくまで煮詰める。塩と砂糖で味をととのえる。
4　鍋に塩適量（分量外）を加えた湯を沸かし、パスタを袋の表示通りにゆでる。ざるに上げ、水けをきる。
5　**3**のフライパンに**4**を加え、ざっとからめる。仕上げに残りの細切りしたしその葉をのせ、ごまをふる。

＊バジルの代わりにしそを使うことで、和風の香りと味わいを加えたトマトソース。仕上げのごまが香ばしさをプラスしてくれる、さっぱりした仕上がりのパスタです。

■トマトとローズマリーのパスタ

材料　1人分
【ソース】
トマト　1個
ニンニク　1片
ローズマリー　1枝
EXバージンオリーブオイル
大さじ2
塩、砂糖　各少々
パルミジャーノ・レッジャーノ　少々
パスタ　80g

作り方
1　トマトのヘタを取り除き、小指の爪ほどの大きさに切る。
2　フライパンにEXバージンオリーブオイルとローズマリー、包丁の腹でつぶしたニンニクを入れ、中火にかける。ゆっくりと加熱し、ローズマリーとニンニクの香りを引き出す。
3　**2**に**1**のトマトを入れ、ややとろみがつくまで煮詰める。塩と砂糖で味をととのえる。
4　鍋に塩適量（分量外）を加えた湯を沸かし、パスタを袋の表示通りにゆでる。ざるに上げ、水けをきる。
5　**3**のフライパンに**4**を加え、ざっと合わせる。

＊トマトソースはトマト酸味と同じくらい、甘味も感じる味わいに仕上げています。ローズマリーを入れることで少しスパイシーな香りがするのもLIFEのトマトソースの特徴です。パスタは、ショートパスタやスパゲッティなど、比較的なんでも合いますので、お好みのパスタでつくってみてください。仕上げにたっぷりのパルミジャーノ・レッジャーノをかけるのを忘れずに。

■柚子胡椒のカルボナーラ

材料　1人分
【ソース】
　厚切りベーコン　30g
　生クリーム（脂肪分30％）
　　1カップ
　柚子胡椒　小さじ1/2
　かつおだし（粉末）　少々
　卵黄　1個
　EXバージンオリーブオイル　小さじ1
　黒胡椒　少々
万能ねぎ　少々
パスタ　80g

作り方
1　ベーコンは1cmに切る。
2　フライパンにEXバージンオリーブオイルとベーコンを入れ、弱火にかける。ベーコンに香ばしい焼き目がついたら、生クリーム、柚子胡椒、かつおだしを加え、少しとろみがつくまで煮詰めて黒胡椒をひく。
3　鍋に塩適量（分量外）を加えた湯を沸かし、パスタを袋の通りにゆでる。ざるに上げ、水けをきる。
4　フライパンに**3**と卵黄を加え、ざっとからめる。仕上げに万能ねぎを散らす。

＊僕の弟がまかないにつくってくれたことがきっかけで生まれた、オープン5年目にメニューに登場して以来、大人気の一皿。ベーコンの独特な香りを柚子胡椒がやわらげてくれる、和風カルボナーラです。仕上げに刻み海苔をのせてもおいしいですよ。

■鶏の柚子胡椒クリームソースのパスタ

材料　1人分
【ソース】
　玉ねぎ　1/4個
　鶏ひき肉　70g
　白ワイン　1/4カップ
　柚子胡椒　小さじ1
　生クリーム　1カップ
　EXバージンオリーブオイル　大さじ2
万能ねぎの小口切り　少々
パスタ　80g

作り方
1　玉ねぎはみじん切りにする
2　フライパンにEXバージンオリーブオイルを熱し、**1**の玉ねぎを炒める。焦がさないようにゆっくり炒め、透明になったらひき肉を加える。
3　ひき肉をほぐしながら炒め、全体が白っぽくなったら白ワインを加え、アルコール分と汁けを飛ばしながら炒め合わせる。
4　**3**に柚子胡椒を加えて溶きほぐす。生クリームを加えてひと煮する。
5　鍋に塩適量（分量外）を加えた湯を沸かし、パスタを袋の表示通りにゆでる。ざるに上げ、水けをきる。
6　**4**のフライパンに**5**を加え、ざっとからめる。仕上げに万能ねぎを散らす。

＊もともとは、まかないでよく食べていたメニューの一つ。スタッフ内でも評判がよかったのでランチメニューに加えることにしたものです。鶏肉はひき肉を使うことで、鶏そぼろ特有のあっさりとした感じが出ます。さらに柚子胡椒を加えることで、さっぱりとした食べやすいクリームソースに仕上がります。

第三章

LIFE 流
気持ちよく働くために

時代の流れをみること

〝おいしい〟は当然
という時代、
今、求められているのは
働く人の〝様〟です

商売は時代の流れをみることがとても大切なことだと思います。だからといって、流行にばかり気をとられると、店のオリジナル感や信念がないようにみえるので、その辺りはバランスが必要です。世の中の流行をすべて取り入れて真似する必要はありませんが、一般的に今は何が流行っているのか、は商売をしている以上、知っておきたいと思っています。

実家の総菜屋もそうなのですが、僕の叔父さんもファストフードのモスバーガーを栃木県内で十店舗ほど経営をしていたことがあり、幼い僕にとって外食業はとても身近な存在でした。身内に飲食業に関係している者が多いおかげで、外食バブルの八〇年代から今に至るまで、さまざまな飲食業をみてきました。

飲食店が産業として日本に到来したのは一九七〇年代、僕たちが生まれた頃でした。東京・銀座に日本発のマクドナルドがオープンし、八〇年代はさまざまなジャンルの外食産業がどんどん増えていく時代になりました。景気がよく、お店を出せばとにかく流行る時代で、今の時代に商売をやっている僕からするとうらやましいくらいでした。こだわりのあるお店も出てきて、いい店＝おいしいお店でした。

ところが好景気が終わると、企業の経費が抑えられて、接待で利用されていた高級飲食店はばたばたとつぶれていきます。それでも、外食そのものはけっして下火になることなく、とくに東京の一人暮らしの人たちは、毎日、朝、昼、晩のどこかで必ず外食をしています。外食は贅沢だという考え方は完全に変わったと思います。派手でぜいたくな外食でなく、シンプルで居心地のいい店が注目されるようになってきました。

今は、さらに安くておいしいものがたくさんある時代です。おいしいものやいいものが当たり前といえる時代なのです。

フランチャイズ系の飲食店では常にびっくりするようなサービスを提案しています。最近では、マクドナルドが朝はコーヒー無料というサービスをしていますし、スターバックスにも“One More Coffee”というサービスがあります。コーヒーを買ったお客さんはその日限定でもう一杯コーヒーが飲めるといったものです。

これらのサービスはまさに、今という不景気の時代に合った戦略だと思います。なぜなら少しでも食費にかかるお金を節約したい人たち向けだからです。この無料サービスが次の来店の動機になっていくという戦略です。

そこで僕らのように個人の飲食業者は考えます。果たして僕らがこのコーヒー無料サービスを真似できるか？

答えは「ノー」です！　絶対に真似はできません。こんなサービスをしていたら個人のお店はつぶれてしまいます。このやり方は資本がたくさんある企業的考えだからできる戦略なのです。僕らのような個人の店でこのやり方は無理だし、個人の店には個人の店なりの、大手企業のサービスにはできないような戦略を考える必要があります。

では、お客さんがたくさん来てくれるいいお店とは、どんなお店か？　たくさんのいいお店が当然のようにあるなかで、とくに注目されるお店をつくり出すのは容易なことではありません。

もう一度コーヒーを例にとって考えてみましょう。イタリアンブームやカフェブームが定着し、エスプレッソやカフェラテ、カプチーノというコーヒーも今では誰にとってもおなじみです。その流れのなかで、スターバックスのような大量生産・大量消費の大手コーヒーメーカーに対抗し、コーヒー本来の良質で個性的なおいしさを味わい、楽しむといったアメリカ西海岸系のスタイルの流れが来ています。このサードウェーブのコーヒーブームに、僕は注目しています。大手には真似ができないような視点がそこにはあると思うからです。

ただしスタイルは新鮮でも、注目されるお店とそうでないお店があります。それはなぜなのでしょうか？　味の違い？　立地？　話題性？　答えは、そこにみんなを引きつける名物になるものがはっきりあるのかどうかということです。

飲食に一番に必要なのは、人間力＝マンパワーです。名物店員や名物辣腕シェフがそこで働いているのか？　それが店をのぞいてみたくなる何かです。個人経営のお店は、店員に会いに行く要素が強いと思いますし、働いている人の姿つまり〝様〟がとても重要なのです。

「おいしい」はもう当然の時代です。野菜にしても輸入食材にしても、どんどん新しい物が手に入る時代になりました。自分もお客さんの立場になって考えると、引きつけられる動機づけは、お店にとってもとても大切だと感じます。そのためには興味がなくても、今の時代の流れをみることは欠かせないことだと思っています。

というわけで、この章では、僕がどのようにお店を営んでいるか、お話ししていきます。

休日の楽しみ、趣味のサーフィンが教えてくれる仕事術

息抜きが余裕をつくる

小さい頃は、休みといえば、家族と一緒に山や川に出かけ、楽しい時間を過ごしてきました。今でも実家に帰ったときは父と山登りをしています。

根っからのアウトドア好きの僕は、ＬＩＦＥがスタートして一年目、週一回の休みがとれるようになると、一人でもできる楽しいスポーツの趣味を持ちたいと思いはじめていました。

小さい頃からマラソンはずっと続けてきましたが、それは僕にとって食事をよりおいしく食

べるための行為にすぎず、健康のためですから楽しい趣味とはいえません。基本的に僕にとってマラソンは、好きか嫌いかではなくて、ないと駄目なものなのです。

スポーツに加え、一人で車に乗ってちょっと山に出かけることや、好きな音楽を聴きながらのドライブ、そんな息抜きがしたいなぁ、とも思っていました。子供ができるまでは、妻と僕の休みは一切合いませんでした。となると、一人遊びをするしかなかったのです。職業柄、平日の休みが多く、平日に時間のとれる知人はなかなかいなかったし、一緒に行ける人を探すより、好きなときに好きなことを一人でやるほうが気楽、というのもあったのかもしれません。

ＬＩＦＥオープン当時は、仕事用の軽自動車を仕事とプライベートで乗っていました。ケータリングで食べ物を運んだり、東京の狭い道を走るにもとても最適な軽自動車です。休日に、小さい頃の家族との山遊びを思い出し、その車に乗って一人で何度か山に遊びにも行きました。けれども一人で山に行ってもなんとなくしっくりこないのと、東京から僕の故郷にある栃木の山までは少し遠いように思えました。その頃の僕の休みは、週に一日とるのが精一杯だったし、山に行くには朝早くに出発しても一日がかりだったのです。

何か違うなぁ……。もっと気軽にリフレッシュできる楽しい趣味はないだろうか？　とそんなとき〝東京からの自然遊びはやっぱり海だ、そのほうがアクセスもいいから、半日の休みでも行って帰っての往復も可能だ！〟とひらめいたのです。

さっそくサーフボードとウェットスーツを購入し、海へと出かけました。湘南です。響きがいいです。とてもオシャレな感じ。海なし県で育った僕にとっては、かなり新鮮でドキドキしました。江の島や、冬にはくっきりと富士山が見える景色といい、海の文化が根付いている感じといい、さまざまなマリンスポーツを楽しめる施設や飲食から衣類まで流行のお店が立ち並んでいるところといい、僕の知っている茨城県や新潟県の海とは別世界でした。雑誌で毎年必ず鎌倉特集をやってもネタがつきないほど、お店があるのです。だから、サーフィンをするという目的以外にも楽しみが増えました。ＬＩＦＥの二店舗目を鎌倉に出店し、僕も鎌倉に住みたいと思ったこともあったくらいです。

すぐにサーフィンにどっぷりハマった僕は、サーフィンの道具がたくさん積めるように、四駆の車に乗り換えました。車が新しくなったことで、さらにドライブが楽しくなり、暇さえあれば一人で海に出かけてサーフィンをしたり、波がなくても海に行き、一人でコーヒーを飲んだり、アウトドア用の椅子で昼寝をしたり、読書をして気持ちをリフレッシュしていました。山育ちの僕にとって海の存在はとても新鮮だったのです。サーフィンをはじめてすぐに、海も僕にとってなくてはならない存在になりました。

別に今の仕事が嫌だったわけではありませんが、毎日を過ごす東京は、情報のスピードがとても速いことについていけず、人間関係で自分のリズムを崩しそうになることもありました。そんなときは海に行き、サーフィンをするようになりました。サーフィンはいくら自分が波に乗りたくても波がなければ、もちろん乗れません。天気がよくても波がないかと思えば、波はあるけれど雨といったこともあり、こちらの都合通りにはいきません。さまざまな条件が揃って、はじめて最高の波に乗れるのです。こんなふうに海と向き合ううち「駄目なものは駄目」ということを、教わりました。これは人生にも通じる部分があります。それに、メリハリのついた休日をとることは、仕事をするうえでとてもいいリズムになっています。

サーフィンを通じて知り合いもたくさん増えました。趣味のつながりから仕事もしました。知り合いも道具もどんどん増えていって、今では僕の四駆は三代目です。車の後ろはサーフィンアイテムの物置き状態になっていますが、唯一自分の自由な場所だと思っています。

僕にとっては料理も趣味の一つですが、仕事としての料理、趣味としての料理はうまく分けて、違った発想や目線で楽しんでいます。仕事はとても大切なものですが、それがすべてだとも思いません。むしろ僕にとっては仕事も趣味も同じくらい大切なものです。だから〝仕事もしっかり、息抜きもしっかり〟ができると、バランスよく過ごしていけるように思っています。

TOOL #4

【包丁いろいろ】

僕のはじめての包丁は、1994年、イタリアで修業していたときに購入したヘンケルのもの。ヘンケルはドイツの老舗刃物ブランド。13世紀から栄えた刃物産業の伝統と確かな技術を守り続けているところです。修業時代、言葉がわからないながらもお店で説明を受け、迷いに迷ったあげく、買ったのが左写真右の牛刀包丁です。握り部分がゴム製になっていてグリップが効いてとても使いやすいのです。あとは、トマトのヘタ取り用のナイフ、ナイフ型ピーラー、野菜のせん切りに適しているものなど6本を用途によって使い分けしています。

サンフランシスコに行ったときに使いやすそうな皮の包丁ケース付きのヘンケルの包丁3本セットをみつけてしまい、購入。最近多い、出張料理イベントのときに役立っています。

FREE PAPER

PARK
LIFE
"LIFE" presents Free Paper & Free Map
for take around Yoyogi Park
CYCLING HOLIDAYS ISSUE

PARK
LIFE
"LIFE" presents Free Paper & Free map
for take around Yoyogi park
#01
FIRST ISSUE
GO TO THE MOUNTAIN!

2007年より不定期で、年2〜3回のペースで作成しているフリーペーパー。LIFEの近所・代々木公園を中心におすすめの場所を記したり、LIFEの人気メニュー、お客さんの写真などを掲載。地域のコミュニティツールになれば、との思いでつくっています。

子どもが生まれて

仕事は大切、けれども
家族と過ごす時間も大切。
そこで就業のシステムを
変えることに

LIFEはオープンしてから十年間、無休で営業してきました。スタッフの休みは、シフト制でまわしています。お店がオープンして七年目が経った頃から僕は、週末はお店に立っていません。つまり、休みにしています。お店の特別なイベントがない限りは、スタッフみんなにお店を任せ、家族と過ごすようにしているのです。

お店がオープンして四年が過ぎた頃に長男が生まれ、それから三年半ほど経って今度は娘に恵まれました。子供はいくつになってもずっとかわいいと思いますが、兄妹二人のやりとりがはじまった頃からはとくに、僕ら夫婦も子育ての大変さと同時に自分たちの家族ができたという充実感がますます増すようになりました。そこで、その頃から徐々に家族の時間をつくるため、自分のシフトを切り替えるようにしたのです。

僕の妻は、僕と一緒にお店を切り盛りしていると思われることが多いのですが、じつは職場は別で共働きです。妻も僕と同じく栃木に実家があり、東京からは遠いので、すぐには帰れません。子供が突然、熱を出したり、病気にかかっても、基本的には夫婦二人で対応しています。地元を離れて、結婚し、子供を持った夫婦は皆そうだと思います。東京でお店をはじめた以上、自分たちだけの力で子育てしていくしかないのが現実です。保育園にも同じ環境の人たちがたくさんいるので情報交換をしたりもしています。

今、僕が週末をオフにし、家族と一緒にいる時間をつくり、子供の行事に参加したり、家族旅行に出かけたりできるのには理由があります。ふつう飲食業は週末が稼ぎ時だし、夜も遅くまで働きます。そして、休みは平日といったお店も多いと思います。そんな飲食業の僕の休みと、土日が休みの妻とでは、一生休みが合うことがないし、子供ができたらどうなるんだろう？　と、いつも思っていました。家族との時間と仕事の時間のバランスをどう、うまくとっていくか、僕は常に考えていました。

結婚したのは僕が二十五歳のときですが、初めて子供を授かったのは三十三歳のとき。それまでもずっと彼女と一緒に住んでいました。が、子供を持つタイミングをどう考えるか、子育てをどうするかについての自分たちの気持ちの準備がちゃんとできていなかったのです。僕は子供ができるまでは夜は遅くまで毎日厨房で作業をしていました。しかもその頃の僕はよく仕事のことでイライラしていて、つまらないことで妻に当たり、よくケンカをしていました。年末の忘年会シーズンは帰れなくてお店に泊まることもありました。シェフはこのくらいは普通なのです。幼い頃からそうやって週末も働く父の姿を見ていました。だから、はたして自分は結婚して妻と一緒に出かけたり、ましてや子供を持って子育てをしたりできるのか？　と思っていました。実家の近くに暮らしているわけではないので、妻に子育てを任せきりにはしたくなかったし、子供を持ったなら時間の許す限り、いろいろなところに連れて行ったりして、一緒にいたいと思っていたのです。

けれども僕たちの職業は、勤めている間は、結婚生活や子供との時間をつくることが、悲しくもとても難しい状況なのです。これが現実です。だから半ば諦めていましたし、そんなの僕にはまだ早いと思っていました。

僕がみてきた欧米では、〝仕事の時間外は家族と絶対に過ごす〟ということが、ごく普通でした。〝いかに仕事を効率よく納めて、自分たちに有意義な時間を過ごすか？〟に、美学を持っているかのようにも思いました。日本でも最近は「イクメン」という言葉があるくらい、子育てに積極的に関わる父親がいます。

僕はそんな思いを抱いていたので、もし自分がお店を持つなら、スタッフ何人かでシフトをまわし、子どもを持っても働きやすい、ある程度自由が効くシステムにしよう、そんな仕事場にしたいと思っていました。もちろんお店を軌道にのせてからの話ですが、オープン当初からそんな思いを持っていました。それが実現できるようになったのは、ＬＩＦＥがオープンして六年目の頃です。ちょうど一人目の子供を授かったのと同時でした。任せられるスタッフがいて、お店もとりあえずは順調で、僕の時間にも少し余裕ができた頃でした。

グッドタイミングのようですが、僕たち的にはギリギリ。間にあってよかったという感じでした。結婚してから八年が経っていましたが、ついに僕たちにも家族ができるんだ、という気持ちでいっぱいになりました。家族との時間や仕事の風景を見せていくことでスタッフのみんなにも、もし自分たちがその時期を迎えるときがあるとしたら、嫌なイメージにはならないようにしたいと今、僕は心がけています。

男にとって仕事はとても大切なことだと思いますが、仕事だけが人生ではないし、今しかできないこともあるということに気づかされたきっかけが、長男の誕生でした。そして今また思うのは、子育ては時とともに嫌でも終わるものだから、そしたらまた週末も関係なく働く日が来るのだということです。

スタッフに任せきるのも
大切。
余裕を持って
仕事をするための
気持ち術

妻と
僕との
子育て

自分自身で時間を管理できるということが、自営業のいいところでもあり、悪いところでもあります。

例えば、仕事の時間と家族の時間の切り替えをどうするのか？　僕の場合、お店がオープンした当初はまだ妻と二人暮らしでしかも共働きだったので、お互い常に仕事を優先にし、仕事の空きができたら、さっと食事に出かけたり、週末金曜日のお店の営業後に深夜のレイトショーで映画を観たりしていました。といっても、それも月に一度あるかないか程度のこと。旅行は年に一回。無理して時間をつくるというよりは、お互いに時間があったら出かける、といったふうでした。

夫婦だけのときは、家族というよりはカップルの延長。妻も自由に仕事帰りに友人とごはんを食べに行ったり、買い物に行ったりと楽しんでいました。

二〇〇七年、ＬＩＦＥがオープンして四年目に長男が生まれました。その頃は、お店のランチ後の昼休みに妻や子供の様子をみに一度家に戻り、その間に妻が食事の買い物をしたり、雑用を済ませる。夜は夜で、僕が仕事を終えた遅い時間に帰宅してから、毎晩生まれたばかりの息子をお風呂に入れ、妻が子供と一緒に寝るといったサイクルで生活をしていました。そんな生活もあっという間に過ぎ、妻は職場復帰し、子供を保育園に預けることになりました。そして朝夕の送り迎えという仕事が増えました。息子はよく熱を出して保育園を休み、ひどいときには一週間ずっと体調を崩しっぱなしなんてこともありました。子育てがはじまったばかりで慣れていない僕たちは、毎日が綱渡り状態でした。息子が病気になれば、どちらかが仕事を休んで一日中、ときには二、三日中、看病しなければなりませんでしたが、妻は仕事上、何日も休み続けるわけにはいかなかったので、僕がお店をスタッフに任せて抜けていました。が、僕がいない日に限ってお店が予約でいっぱいで忙しい、なんてこともありました。

僕はお店の仕事をないがしろにしている感じがたまらなく嫌でした。家にいても店にいても、何をしていても後ろ髪を引かれる思いでいました。この状況をどうすればいいだろう？ 楽しいはずの仕事が、家族の大変な状況を想像すると気持ちが落ち着かないし、家にいればお店が気になるし、両立するにはどうすればいいのだろうか？ と僕は真剣に考え続けました。

ある日、ふとわかったことがありました。お店をオープンしてから、何をしていても自分がお店に立っていないときのことがどこかでずっと気になる僕は、結局いつもお店から離れられなかったのですが、それはスタッフに任せ切れていない自分が悪いんだ、ということに気づいたのです。

そこで息子が三歳になる頃まではスタッフに任せ、家族との時間を持てるようにしよう、と目標を立てました。スタッフには事情を正直に話し、任せられることは任せ、時間に余裕を持てるよう意識しはじめました。

その後、スタッフの協力と理解があり、娘も生まれ、二軒目の店舗も持つことができました。

僕が言いたいのは、体がその場にあって仕事や家族の時間を過ごしていても、気持ちがそこになければ意味がないということです。少し贅沢なことかもしれませんが、いつでも気持ちは穏やかにいたいと思っています。

スタッフにも、これから先、結婚し、子供を授かるときは、お店を持つタイミングと同じでないほうがいいと話しています。自分でお店をやれば、毎日忙しいことは目に見えているので、子供に手のかかる出産直後はスタッフに任せられることは任せる勇気を持ち、余裕を持ったほうがいいと思います。これは僕自身の経験から自信を持っていえることです。

スタッフに元気で明るく働いてもらうために

スタッフは自分の鏡。
自分自身も楽しく働き
あとは上手に
ほめることです

はっきり言いますが、飲食店は働く条件が厳しいわりに給料が安いので、なかなかスタッフが集まりません。さらにただ募集しただけでは優秀な人材は間違いなく集まりません。最初からお店にとって最高のスタッフなどいるわけがないのは当然のことです。

僕は面接のときに働く動機やその人にとっての働く意味をよく訊きます。そのとき出てくる言葉はそれぞれです。面接なので皆、質問にはちゃんと答えるし、それなりのことを考えてきます。が、動機がすばらしかったとしても、それがその人の働きに伴うかというと、それはまったく関係ないといっても過言ではありません。最近は皆、働く環境に敏感だし、職場環境に過大な期待をしてくる人が多いので、とても困っているというのが現状です。自分の将来のビジョンと目的意識が高いこともあり、少しでもズレを感じるとすぐに辞めていきます。ある意味、とてもわかりやすいのです。

だから、いつも明るく元気に、気持ちよく働いてもらうためにはどうすればいいか？　については僕なりにずいぶん考えてきました。

まず、スタッフの目線で問題に取り組むこと。自分の経験から飲食業の問題は想定できるし、スタッフの調子が悪くなる原因もだいたいはわかります。それをないがしろにせず、それぞれの目線に立ち、一緒に解決方法を考えるようにしています。おせっかいだと思われようと自分なりに的確だと思うことをアドバイスもしています。問題の渦中に入ってしまうと、たいしたことでなくても悩んでしまうので、僕はなるべく第三者的な目線で、気持ちよく元気に、長く働いてもらうためにはどうすればいいか？　を、考えるようにしています。

それにはまず、〝自分自身がいつも元気に明るく楽しく仕事に向かおう〟と心がけています。これをどう保つかは、自分でも課題なのですが……。僕だって、いつもへらへらしているわけではありません。〝育てたように子は育つ〟のですから、先輩はいつも鏡となるわけです。僕をみて仕事に対して嫌なイメージは持って欲しくないし、常に楽しくいて欲しいとも思っています。

もしも仕事が嫌なら転職するべき、というのが僕の持論です。なぜなら、それはその人の能力ではなくて、単純にその仕事の環境が合わないだけだと思うからです。

スタッフに対しての受け答え、これも大切です。元気に返事をしてくれるスタッフもいれば、そうでない人もいます。思ったようには動いてくれないのは当然です。阿吽《あうん》の呼吸で仕事をするためには、互いが理解するための長い時間がかかるし、簡単なことではありません。それでも相手が気持ちよく、返事をしてくれるよう根気よく、接していくのです。それでも駄目な場合は、僕と二人で時間をつくり、その問題についてしっかりお互いが納得いくまで話し合うようにしています。たとえ頭にくるようなことや、自分の考えと違うことがあっても、スタッフがどうしたら気持ちよく、笑顔で働いてくれるようになるかを、直接に本人に聞き、基本的に受け入れて付き合っていきます。

それから、ほめる。それぞれのいいところをみながら気にかけるのです。反対に注意しなければと思うのは、明らかに手抜きや怠けている部分がみえたとき。そのときは、遠慮なく本人に伝えます。これは意外と根気のいること。〝怒る〟のではなく、〝伝える〟のです。

　スタッフ同士の問題であっても同じです。〝仕事をする人間として、責任あることをする〟を伝えていきます。これができないと、いつになっても余裕が持てないということにもつながります。表面的な作業を教えていくのではなく、それぞれが気持ちよく仕事をするために何が必要で、何を覚えたらいいのか？　何を一番に今は頑張るべきか？　スタッフ同士でどう接するのがよいのか？　仕事場での自分の立ち位置を明確にし、受け入れることは受け入れ、後輩に理解してもらいたいことがあればしっかり言う。長い時間、同じ空間で働くうえでのルールをつくっていくことで、お店は自然と円滑にまわっていくように思います。ルールさえしっかりあれば、僕がいないときでも問題が起きることなく、営業ができます。

　ＬＩＦＥはそういったルールができるまでに五年はかかったように思います。ルールが決まるまでは、決して焦らないこと。それぞれのスタッフが仕事に対して責任を持つために具体性を持たせることや、各自のポジションをしっかり理解することで、いいチームワークになり、自分のためにも、お店のためにも働いていくことにつながっていくように思うのです。

TOOL #5

【エプロン】
僕はエプロンを決まって胸まであるものにしています。腰掛けエプロンは腹と胸の部分が汚れるのでこのタイプのエプロンがいいのです。おもに主婦向けの物が多いので、サイズが小さい物がほとんどでしたが、大きめをみつけては購入してきました。今までいろんなところの物を使いましたが、最近のお気に入りは岡山県にある『UTO』というメーカーの物。夫婦２人で一つ一つ手づくりしている貴重なエプロンです。スタッフ皆で使っています。

伸びるスタッフとは

仕事を通して
学んで欲しいのは、
社会のなかでの
自分の役割をみつけること

飲食業は拘束時間が長く、力仕事も多いので、数ある職業のなかでも僕的には男の仕事だと思っています。しかも給料が安いので、本当に好きでないと続けていくのが難しい職業だとも思うのです。大切なのは、強い意志と目標を持つこと。そしてその目標に向かっていくエネルギーが常に必要です。

新人スタッフにはいろいろな人がいます。何事にも頑張れる人もいれば、なかなか頑張れない人もいます。また、やってみたけれどやっぱり合わないとか、体力的に無理という人も。なかには皿洗いの洗剤が合わず、手あれがひどくて辞めてしまう人もいました。すべてにおいて同じ事例は一つもありません。

ただ、比較的よくあるのが、出だしはやる気や集中力もあって半年ほどは調子がいいのですが、その後、疲れが出て集中力や吸収力が悪くなるという人です。当然、先輩スタッフたちから注意を受けることも多くなり、悪循環が起きます。飲食業は一日が長いので悪循環にはまると自分に余裕がなくなり、一人でため込んでしまうのです。このパターンに陥りやすいのが、働きはじめから半年頃。ちょうど仕事にも慣れてくると同時に、疲れが溜まってくる時期なのです。スタッフ間でのもめ事も多くなり、仕事に慣れてきたがゆえに素直に先輩のスタッフのいうことを聞けなくなったりします。熱心なのはよいのですが、最初はあまり飛ばしすぎないように意識的に注意してもらっています。

単純に、自分に与えられた仕事をしてもらうというよりは、一人一人に商売をしてもらおうというのが僕の考えです。どういうことかというと、自分がそこにいることで、まわりのスタッフやお客さんにどういった作用が起こるのか、よくみて、感じて欲しいのです。本当にみんなが喜んでくれているのか、自分は必要だと思われているのか、お店のなかでの自分の立ち位置を考え、自主的に働いて欲しいということです。これが理解できれば、黙っていてもそのスタッフは伸びていきます。

料理は、仕事への意識がしっかりしていれば自然に覚えて上手になっていくのでなんの心配もしていません。それよりはオーダーを言った、言わない、間違えたなどという連携を必要とするときの、人との関係性が問題です。自分の意志だけを主張するのではなく、まわりをよくみてスタッフの一員となって問題の解決に当たること。まずはそこからはじめるのが大事です。それを体得するまでが、だいたい三年くらい。自分で次のこと、先のことを予測しながら動けるようになるのはそれからです。いくらおいしい料理がつくれても、それだけではお店に人は集まりません。

いいお店づくりはスタッフ全体の雰囲気がとても重要です。みんな一緒に同じ方向をちゃんとみていること、まずはそういう部分を学んで欲しいと思っています。

僕が理想としているのは、同じチームの一員ということを意識し、今後それぞれお店を卒業した後も同業者としていい仲間になる関係です。だからスタッフ同士の人間関係では妥協せず、皆で呼吸を合わせていく。あくまでも料理はただのきっかけで、大切なのは社会のなかでの自分の立ち位置や協調性を学ぶことです。

今の僕自身の仕事は、お客さんへのアプローチや集客を考えることも重要ですが、スタッフみんなが働きやすい、いい環境をつくることです。忙しいお店だからこそ、いろいろな場面が想定できるし、直面もするので、仕事のレベルが上がっていくのです。暇なお店で働いていても、なかなか成長はしません。

今の僕は、いつも旅立つスタッフたちを見送る側です。そしてここからがまた僕にとって新しく、楽しい付き合いのはじまりとなるのです。自分が経営者になってはじめてわかることや感じることがたくさん出てくるからか、僕にとって理解し合える仲間になっていく感じが嬉しくもあります。

イタリアのセンスが
僕を
つくってくれた

流行を
追いかけるのではなく、
自分の好みと人生観が
居心地のよさをつくる

一九九四年頃、イタリア修業は、人生で初めての一人暮らしでした。そしてそれが自分のセンスで物を買うきっかけでもありました。入り口の扉を開けると部屋全体が見渡せるほど狭い部屋だったので、そこで心地よく快適に過ごすために自分なりにいろいろ考え、ちょこちょこ模様替えもしました。

日本からやって来た僕にとって、あちこちに歴史的建造物があるイタリア・フィレンツェの街は、とても新鮮で刺激的で、ただ歩き眺めているだけでも飽きませんでした。だから時間ができるとよく一人で散歩をしていました。とくにライトアップされた街並みは、ロマンチックで何度みても感動したものです。

フィレンツェの建物は、築年数三百年以上なんていう想像もできないほど古いものもたくさん。何度も何度もリフォームした、そんな古い建物にイタリアの人たちは住んでいるのです。旧市街にある建物のすべては、サッシが緑色、屋根はオレンジ色で統一されています。高い丘に上がってみるその様はとても美しく、昔の街並みがどんなふうだったかが想像できます。街の中心をトスカーナ地方で最も長いといわれているアルノ川がゆっくりと気持ちよさそうに流れています。そこでカヌーをしている様子もまた、その風景にしっくりと溶け込んでいました。

僕は昔から雑貨や、暮らしまわりの物が好きだったし、イタリアでは料理の勉強をしていたので、お皿はもちろん、テーブルクロスやキャンドルなど、料理をよりおいしそうにみせてくれる物にとても興味がありました。イタリアの食卓では、ふだんからキャンドルやオイルランプを使うこともあり、オイルランプ用オイルは、どこの日用品店でも必ず売られています。僕も、イタリアで暮らすようになってからは、食事時にはキャンドルやオイルランプをつけるようになりました。

一人暮らしにも慣れた半年後、友人の家に招かれました。イタリアの建物は外からみると皆同じにみえるし、同じ間隔で窓が建物に付いているので、なかも同じ間取りになっているかのようにみえます。日本でいうところのマンションなのですが、日本との大きな違いは、建物が古く、入り口や階段を何度も改装していること。友人のマンションも同様で、後付けの古いエレベーターや階段が少し変わった所にあり、電気をつけても薄暗く、まるで迷路のようになっていました。階を上がると広い廊下があり、大きさがそれぞれ異なったいろいろな形の扉が付いていました。少し迷いながらもようやくたどり着いた僕を迎えてくれたのは、古い外見からはまったく想像もできないほど、センスのいい可愛い部屋でした。

僕もこういう部屋に住みたい、そう思いました。部屋の動線を邪魔するようなおかしなところにメゾネットがあったり、少し頭を下げてくぐるようにして通る廊下があったり、住まいというより、まるで動物の巣のようでした。部屋のあちこちにはその友人が選んだセンスのいい物たちがわさわさと肩を並べて飾ってあり、その横には家族や従兄弟の愉快な写真が飾られ、イタリアの古いポスターが部屋のところどころにかけてありました。

それはまるで、友人の人生を一気に映像でみているかのようでした。その人の人生観や家族関係、趣味などを垣間見られるような部屋。整理整頓されているわけではないのに、なんともしっくり収まっていて、とても落ち着く感じ。キッチンは少し小さめでしたが、とても使いやすそうで、お気に入りのカップやお皿、使い込まれている鍋がオブジェのように置かれていました。そのキッチンで、友人はシンプルでおいしいパスタをつくってくれました。

これが自分らしく、気持ちのいい暮らしなんだ、とそのときわかったのです。日本人には、外出時に身につける物や持ち物には力が入るのに部屋にはあまり興味がない人が多いと思っていました。それに比べてイタリア人は、生活をより快適に心地よく過ごすために何が自分たちに必要かをよく知っている人たちだと感じたのです。

ラッキーなことにフィレンツェの街にはあちこちに蚤の市があり、雑貨などを探しやすい環境でした。それからの僕は少しずつですが、自分の部屋づくりを楽しむようになりました。イタリアの文化や歴史の美的センス、遊び心は、大きな影響を受けたものの一つだったのです。

おもしろがりながら
お客さんの目線に
立つことが
素敵な発想に通じる

ランドスケープ
プロダクツの
中原慎一郎さんが
教えてくれたこと

ランドスケーププロダクツは渋谷区の千駄ヶ谷に『タスヤード』という飲食店や『ビー アグッドネイバー コーヒーキオスク』というコーヒースタンド、インテリアショップ『プレイマウンテン』を経営するほか、店舗や住宅のデザインもしている会社です。また、飲食店舗やギャラリーの運営、イベント企画をプロデュースするなど、活動範囲を挙げれば、きりがないほど。

その代表が中原慎一郎さん。二〇一二年四月にオープンした新店舗の『ＬＩＦＥ ｓｏｎ』のデザインをしていただいた方です。

二〇一一年末、僕は新店舗の内装デザインをどこの業者にお願いしようか、とても迷っていました。ＬＩＦＥがオープンしてちょうど八年が経とうとしていた頃です。同じエリアに新店舗をつくるうえで、二軒をどう差別化するか、お客さんにうまく使い分けてもらえるか、お店のコンセプト、内装や料理の内容も、すべて相談できる人は誰だろう？ と、ずっと考え続けていました。

店舗デザインの業者さんや材料屋さん、家具屋さんの知り合いはたくさんいました。でもそれはあくまでもそれぞれの業者さんで、僕らのオーダーを店舗に落とし込むだけです。どんなお店にするかは、当然、僕ら自身で考えていかなくてはなりません。しかも今回は『TARUI

BAKERY』の樽井さんと店舗をシェアするという少し特別な形でのオープンでした。ただ同じスペースに二軒並べてお店をつくっても、ただのお隣さんにしかならず、つまらない。パン屋とレストラン、朝早くからのお店と夜遅くまでのお店、樽井さんとやるには、パン屋さんが併設するということだけではなく、何かもっと一つのお店としておもしろくていいアプローチができないものかと考えていたのです。

物件も決まり、オープンまであまり時間がないなかで、お店のコンセプトや内容をきっちり決め、店舗づくりをお願いする業者さんを決めなければなりませんでした。自分なりに手探りを繰り返していましたが、自分たちのやりたいことを理解してくれて、具現化してくれるような業者さんにはなかなか出合えませんでした。

そんなとき、スタッフの知り合いで、ランドスケープ・プロダクトでお店の内装をお願いした人が現れ、紹介してもらえることになったのです。

話が決まったのは、世の中はすでにお正月休みに入っていた年末ぎりぎりの頃でした。ずっと東京にいたおかげで、年明け早々からランドスケープの店舗内装の担当の方と打ち合わせを開始してもらえることになりました。年末ギリギリに問い合わせをし、まだ世間は正月休み中というのに、嫌な顔一つせず、快く対応してくれたことに感動しました。やや焦りぎみの僕の様子を察知してか、正月中も何度か電話のやりとりをさせてもらいました。正月休みなので申し訳ない気持ちでいっぱいでしたが、初めての打ち合わせで担当の方から「忙しいのには慣れているし、これ普通ですよ。いつもですし、僕たちにとって仕事もライフスタイルの一部ですから気にしないでください」という言葉をもらい、感動したのを覚えています。その言葉を聞いて、「ランドスケープの方の仕事への考え方とスタンスは、僕たちと一緒だ」と、とても安堵しました。

店舗デザインの業者は、僕らの考えや内面を形にしていき、いい方向に導いてくれる先導者みたいなものです。納得いくまでしっかり相談できて、さらには店舗のデザインをお願いしてよかったと思える人でなければなりません。わからないことをていねいに説明してくれ、お店づくりをしていくうえで迷いや気持ちのモヤモヤを取り除いてくれることも重要です。

担当の方はパン屋とレストランを合体させたような、二軒で一店舗のお店にしたいという僕の話をじっくり聞いてくれ、「それはとてもおもしろい！　僕たちにとっても、やりがいがあります」と言ってくれました。

内装を決めていくうえで僕は、どうやってお店を効率よく運営していくか、できるだけお客さんに利用してもらうためには何席くらいが適当か、スペースを無駄なく使うためにはどんな工夫ができるか、ということを考えました。ところが中原さんの発想は違いました。あくまでもお客さんの目線で、楽しそうな雰囲気をつくることやお店のなかのどの辺りにお客さんが集まって、どう活気を出すかというものでした。

中原さんはまだスケルトンの店舗現場に来て、

「入り口にコーヒースタンドをつくって、立ち飲みコーヒーをやったらいいんじゃない」

「樽井さんのパン屋と相場さんのレストランは行き来できるようにしよう」

「落ち着いて食事をしたい人のために、大テーブルを奥のスペースにつくろう」

などと、さまざまなアドバイスをしてくれました。中原さんが参考に、と教えてくれたのは、サンフランシスコのミッションというエリアにある『タルティーヌ・ベーカリー』と『バー・タルティーヌ』というお店です。タルティーヌ・ベーカリーは朝七時のオープンから長蛇の行列ができるほどの人気で、焼き立てパンを使ったサンドやパンを上手に使ったおいしい料理をもう一軒のバー・タルティーヌで出すという話でした。それを聞き、「これだ！　ベーカリー&レストランがいい！」と思ったのです。

余談ですが、TARTINE BAKERY（タルティーヌ・ベーカリー）とTARUI BAKERY（樽井ベーカリー）が似ているということも偶然でした。

自分のイメージを店舗デザインに落とし込む作業には、同じ価値観を共有できる相手をみつけられるかどうかがキーとなります。実際の作業に入る前の段階の打ち合わせからお店のオープンまで三〜四か月は共同作業をするので、オープンしてからの微調整も含めれば少なくても一年近くは連絡を取り合い、付き合います。まさにかかりつけの医者のようです。それだけに自分たちが身を委ねられるような、信じきれる相手をみつけることをまずおすすめします。僕たちの共同作業は、オープンまで約四か月間かかりました。

僕にとっての中原さんは、受け皿の大きなお父さん的な存在で、いい意味で細かなことは一切気にせず、おもしろそうなことに常に貪欲で前向き。さらにはお客さんの目線で常にみんなを驚かせよう、楽しませようという意識のある人でした。物事を発想する姿勢がとてもクリエイティブな方だなぁと毎回、目からウロコが落ちる思いがします。

SHOZO CAFE の菊地省三さんが教えてくれたこと

生まれ育った地元に貢献することの大切さ

『SHOZO CAFE』は、静かな田舎町の栃木県黒磯に、遠くにいる人も呼び寄せる魅力的なカフェです。ここは一九八八年にオープンしました。今ではその街に『SHOZO CAFE』を囲むようにして、洋服屋さん、家具屋さん、古本屋さん、夜はビストロまでもが点在しています。県内でこんなに一日楽しめる街はありません。栃木出身の僕にとってここは特別な場所であり、自慢のエリアです。

僕が『SHOZO CAFE』を知ったのはイタリアから帰国した二〇〇〇年のこと。オーナー・菊地省三さんは、カフェの本やファッション誌などのお店紹介ページでよくおみかけする人で、同じ栃木の出身ということもあって、気になって仕方ありませんでした。

自分の名前をつけた『SHOZO CAFE』?

象のシンボルマーク?

カッコイイなぁ。どんなお店なんだろう?

行ってみたい！　その頃の僕は、気になるお店めぐりを楽しみとしていた時期だったので、遠足気分で友達を誘い、さっそく『SHOZO CAFE』へ出かけてみました。

そこは、雑誌でみる以上にカッコイイお店でした。入り口すぐの天上は高く、広々としていて、リラックスした僕たちの気分をしっかり受け入れてくれるようです。スタッフが元気で、気持ちのいい対応も印象的でした。そしてなんといってもスタッフの栃木訛りが栃木出身の僕をほっとさせてくれたのです。もちろん、お菓子やコーヒーも最高においしかったし、帰りに買うお土産のコーヒー豆やオリジナルクッキーなど、友達へのお土産選びも楽しい時間でした。すぐにここは、僕にとってとてもリフレッシュできる場所の一つになったのです。

当時はまだ原宿のお店に勤めていたころでしたから、結構なペースで黒磯に遊びに行っていました。そのたびにオーナーの省三さんを何度もおみかけすることができ、心臓がドキドキしていました。自分に大きな影響を与えてくれた一人だったので、緊張していたのかもしれません。

それはLIFEがオープンして二年目の頃でした。イタリアから帰国後、アパレル会社の飲食部で働いていたときに知り合った友人の一人が『SHOZO CAFE』が経営している洋服屋さん『04STORE』に洋服を卸していたことを知ったのです。そして「相場さんって栃木出身なんだよね？『SHOZO』ってお店知ってる？　今度行くから一緒に来ない？」と誘ってくれたのです。知っているも何も、大好きを通り越しての大ファンだったので、僕は即答で「ぜひ、一緒させてよ！」と頼んだのでした。

省三さんは僕が想像していた通り、とても穏やかでスマートなたたずまいが紳士的で〝カッコイイ大人〟といった感じがしました。長年やっているお店のことや経営者としての話など、僕にとってすべてがためになることばかりでした。

このとき、省三さんを目指していた自分は間違いなかったことを再確認したのです。同郷ということが一番大きな理由でしたが、地元でこれだけの数のお店を展開し、地元の若者を雇用し、街を賑やかにしてきたことを知ったからです。僕の実家が同じ栃木県内で商売をしていたこともあって地元栃木でお店を続けていくことがどれだけ難しいことかを僕自身がわかっていたこともありました。

話を聞いていると、省三さんは一軒のお店のことというよりも、街全体のことを考えながら運営されていることに気づきました。省三さんは自分の故郷に誇りを持ち、自分たちが生まれ育った街を、自分たちの手で魅力のある街に育てていく活動を行っているのです。その考えに賛同する若い人たちが地元だけではなく、県外からも働きにやってくるほどです。『SHOZO CAFE』の卒業生を含めれば、同じ意識を持ったお店が黒磯には何店舗あるかわからないほどあります。黒磯の駅から『SHOZO CAFE』まで歩いて十五分ほどですが、そこには『SHOZO CAFE』に関係するたくさんのお店があり、僕もその一人だったように、県外からもたくさんの人がやって来て賑わっています。

そういえば、「省三さんと黒磯の街」と同じようなあり様を、料理修業をしていたイタリアで目にしました。フィレンツェの人たちは地元愛がとても強く、〝自分たちの街が世界で一番いい〟とか〝自分たちの街は自分たちで守る〟という意識が高いのです。

今、僕が住んでいる東京は、日本各地の出身者が集まっていることもあって、地元に対しての思いが薄いなという印象があります。

僕は東京出身ではないですが、省三さんの考えは、すごいと思っています。そして僕自身も、どうせやると決めたなら、自分のお店や家があるこの場所を、自分たちにとっても住んでいる人たちにとっても魅力ある街、自慢できるような街にしなければならない、そう思いました。僕の「地元に愛されるお店、地域に根差す」の発想は、『SHOZO CAFE』を知ってからのことなのです。

目指すことや目指す人が、あるかないかでは大違いです。これからも自分にとってそんな人の存在や目標はずっと大切にしていこうと思っています。

TOOL #6

【時計とカメラ】
僕は厨房作業中はずっと完全防水のSEIKOダイバーのシリーズを使い続けています。この時計は3代目です。趣味のサーフィンをするときにも着けていけるので、仕事のときも遊びのときも重宝しています。
もう一つは料理の記録用で使っているカメラ。デジカメでパチパチと撮るのもいいのですが、フィルムならではの限られた枚数で慎重に撮影するのも緊張感があって僕は大好きです。ドイツのAGFA OPTIMA 1535

LIFE
GOES
ON

相場正一郎（あいば・しょういちろう）

1975年、栃木県生まれ。惣菜屋を営む両親の元で育ち、18歳で料理人になるべく単身イタリアに武者修行。帰国後、裏原宿のアパレル店が経営するレストラン勤務を経て、2003年代々木八幡にイタリアンレストラン『LIFE』をオープン。懐かしい味わいの料理を供するほか、ワークショップやイベント、オリジナルグッズの製作などさまざまなことを試みる。2012年には参宮橋に姉妹店『LIFE son』をオープン。『TARUI BAKERY』と共同の店舗という新しいスタイルにも注目が集まる。地元や家族と常にかかわりあい、東京と栃木を頻繁に往復しながら、多忙な日々を過ごす。　http://www.s-life.jp

LIFE
東京都渋谷区富ヶ谷一－九－一九　一階
電話・ファックス：〇三－三四六七－三四七九
every day open

LIFE son
東京都渋谷区代々木四－五－一三　レインボービルⅢ一階
電話・ファックス：〇三－六二七六－一一一五
close monday

LIFE NIIGATA
新潟県新潟市中央区東堀通五－四三八　一階
電話・ファックス：〇二五－二二八－三七五六
close wednesday

イタリアンレストランLIFE《ライフ》のよく遊《あそ》び、よく働《はたら》く

世界《せかい》でいちばん居心地《いごこち》のいい店《みせ》のつくり方《かた》

二〇一四年五月二五日　初版第一刷発行

著者　相場正一郎
発行者　熊沢敏之
発行所　株式会社筑摩書房
東京都台東区蔵前二－五－三　〒一一一－八七五五
振替　〇〇一六〇－八－四一二三

印刷・製本　凸版印刷株式会社

乱丁・落丁本はお手数ですが左記にご送付ください。送料小社負担でお取り替えいたします。
ご注文、お問い合わせも左記にお願いします。
さいたま市北区櫛引町二－六〇四　〒三三一－八五〇七
筑摩書房サービスセンター　電話〇四八－六五一－〇〇五三

ISBN978-4-480-87875-5 C0095